현대문학사조 제1동인지

흔적, 그 의미

도서출판 채운재

머릿말

현대문학사조의 첫 번째 동인지가 이제야 발자취를 남긴다. 2009년에 계간지를 창간하면서 문학지에 어려움을 알고 문인의 마음과 뜻을 모아서 문학의 창작과 소통하는 문인이 되자고약속하며 시작한 지 3년이 지나고 있다.

사람이 인생을 살면서 자신의 작품을 세상에 남길 수 있다는 것 그 하나만으로도 값 있는 삶을 산다고 본다.

문사님!
첫 동인지에 동참해 주심을 진심으로 감사합니다.
문학은 인간의 고뇌와 감정적 아름다움을 노래하고 있다고 보며 삶의 흔적을 남기며 영혼을 맑게 이야기로 엮어가는 것으로 생각해봅니다.
자연의 아름다운 사물을 보며 생명을 불어넣는 작품으로 건필하시길 소망합니다.

작은 바람이 있다면, 여기에 담긴 글을 읽는 분의 마음에 평안함이 있기를 원합니다.

2012.3.15

현대문학사조 발행인 양상구

차례

석용호 시인

신명순 시인

안상기 시인

양정성 시인

유성자 수필가

윤병운 시인

이기순 시인

이기은 시인

이원우 시인

장자동 시인

정미경 시인

정창희 시인

조태연 시인

양상구 시인

靑峰 김대은

부산대학교 졸업

현대문학사조 등단 신인상 수상

계간 시세계 신인문학상 수상

万理문학상 수상

2010독도사랑 컨텐츠 공모전 우수상 수상

현대문학사조 작가협의회 회원

시세계문인회 정회원

現) SM그룹 NSAUTO 기술연구소 소장

시집: 그리움을 위하여(2004), 하늘비 산방 1집(공저)

하늘비 산방 2집(공저) 외 다수

가로수에 눈꽃이

누군가 먼저 간 길
선명히 자국을 남긴 자동차 바퀴 문양
가로수 양옆으로 정렬하여 예를 올리는 뽕나무
가을에 벗어버린 알몸이 부끄러워
지난밤 나린 흰 눈
백설 옷을 입더니 비로소 웃었다

천 년을 하루같이 살아온 천 년 그루터기
몸뚱어리만은 여전해
해마다 잘리는 가지는 뽕나무의 운명인가
눈꽃 쌓인 가지 또 잘리겠지
간간히 떨구는 물안개 포말의 눈꽃 사위
해가 뜨기 전의 기지개인가 보다

수평선 너머엔 은빛 끝없이 펼쳐져 있고
숭숭 뚫린 몸 곁으로
스쳐 가는 바람은 심심한 피리 소리 울린다
언제나 그 자리
불어오는 바람과 세상 소식 나누고
밝아오는 햇발과 사랑 나누네
오늘은 눈꽃 잔뜩 매달고 훠이훠이 탈춤 한번 춰 볼까나
발가벗겨져 눈꽃 축포가 될 때까지

항상 그 자리
천 년을 자리한 고목에 눈이 쌓여간다
심장이 뚫려 구멍 숭숭 가슴은 쓰라려도
눈꽃조차 메우려 하지 않아도
지나가는 나그네들에게
외로움은 없다 말하네

불어오는 바람과 함께
가로수에 눈꽃은 펄펄 날리고 있다

겨울 바다

구름이 하늘을 노닐다 바다에 잠겼다
짙푸른 바다 너머 검은색 수평선에
하얀 포말이 인다
맞닿은 하늘가 통통배 숨바꼭질하고
그루터기 돌 바위 걸터앉아 술래 하네
뺨을 적시는 바닷바람 해물냄새 물씬
그리운 얼굴 바다의 모습으로 피어난다

홀로 선 바위틈새
쐐~ 쐐~ 찬바람이 입술을 훔치고
입김이 얼굴을 뿌옇게 물들인다
작은 손 꼬깃꼬깃 말고서
백사장 걷다 보면 어느덧
잔물결 수정 빛으로 화(化)하고
짙은 남색 바다는 시야에서 멀어진다

겨울 바다 수평선 그 너머엔
혼미한 기억 너머 존재했던 그 무엇
가끔 생생한 기억으로 엄습하고
그저 헛웃음 한 조각
바다는 말없이 받아만 주었다
흐르는 시간에 씻겨버린 추억
그 얼굴 그것이 그리웠다오

물망초 내 사랑

물망초 고운 잎새 터질 듯 바라보다가
문득 떠오른 그대 얼굴 내 안의 당신
나를 잊지 마오 그대 물망초 내 사랑아
우연이라 하기엔 너무한 우리의 운명
찬 서리 무서리도 피해 간 내 사랑이여

처음 본 그 모습대로 당신은 나의 물망초
가슴 속 여운은 아직 아직도 뜨거운데
떠나버린 당신은 날 잊었나요
물망초 물망초 고운 잎새 늘 푸른 사랑인데

세상에 서서

은하수 에메랄드 별을 품고 살 듯
지구 위 수억의 사람들 검푸른 하늘이고 산다

신선한 공기들이 마시고 태산처럼 창공으로
기개를 떨치는 이 땅이 얼마나 성스러운가

험준하고 비좁은 이 산야山野! 백두대간 줄기 뻗어
늘 푸른 산천이 살아 숨 쉬고 있으니……

태산같이 듬직한 이 땅에 뿌리내린 우리 삶이
이 얼마나 환희의 열락인가

차가운 동토의 서러움이 밀려오면 어떠리
누런 들판의 풍경소리 이렇게 아름다운데……

밤바다 눈부셔 은빛 별빛 바라보다 새벽이 온 것도
거룩한 삶이 배려한 축복인 것을……

사랑 가

호젓한 바닷가 내 생각에
참을성 없는 마음 가지가
물결소리에 놀랐다

어쩐지 널 그리는 마음이
잠잔다 했더니
가슴을 찢는 아우성이 들렸다

차디찬 겨울 바닷바람
귀볼이 색깔을 잃어도
차마 말 못하는 너의 심장 소리 들렸다

가슴 저변에 깔아놓은 울림
뜨거운 체액이 소용돌이쳤다
널 위해 사랑 노래 불러야만 했다

어머니

벙어리 귀머거리 시집살이 한 평생
숙명宿命의 세월이 가슴을 묶었다

백합꽃같이 예뻤던 어머니
삭아진 얼굴 유수한 강물 흘렀다

어머니가 가진 하늘
인내의 그곳은 한없이 넓고 깊었다

몸과 마음 모두 새끼에게 바치고
환한 미소에 인고의 강물 넘친다

깨어지고 뭉개진 세월
탓함이 없고 감사함에 빛나 한다

눈에 넣어도 안 아플 자식
다 컸어도 아플세라 잠 못 이룬다

애기 같은 늙은 자식 사랑에 겨워
마음속 아랫목에 밥 한 그릇 묻는다

낙樂 하나 누리지 못한 아쉬운 세월
붉은 석양 바라보며 그래도 그땐 참 좋았다 하신다

다 늙은 자식 흰머리 쭈글 주름
같이 늙어 간다 한숨짓는 어머니

한평생 엄마의 포근한 품속
내가 안겼던 생애 최고의 구원자였으니……

힘 빠진 손 떨려 밥알 풀린 가슴팍
잡을 수만 있다면 그 세월 되돌리고 싶다

이젠 효도 한 번 제대로 하고픈데
눈멀고 귀 먼 어머니, 아~ 이 가슴이 터지는구나

얼마 남지 않은 이승과 이별 여행
그 얼굴 그 뺨 죽도록 비비고 싶어라

여울

끝없는 고행 길로
짚신 신고 방랑하기 여럿 해
어느덧 삭풍이 몰아친다

입술을 트는 허기虛氣에
옷깃을 여미는 바람도
애상哀想 젖은 눈가를 닦아 주었다

옹이 박힌 가슴팍
묵힌 상처 층계층계 쌓아놓고
초련初戀이 그립다 말한다

여울목에 발 담그고
물길 타는 시간에게
삶이 여울 같다 하여라

김선옥

충남 당진
현대문학사조 등단
신학전공
강화 문학회 회원

그리움

창문을 흔드는 그림자
그대 모습 같아
뒤뜰에 내려
다가가니
그대는 없고
바람만 지나가네

잔가지에
나뭇잎 하나
달빛 아래
밤 내내
쓰다만 편지
가을바람 불어와
새가 되어
하늘을 두드리네

구정물

구정물 더럽다 침 뱉지 마라
마중물의 희생이다
그대들은 마중물이 되어본 적 있느냐
과연
한 번이라도
진정한 사랑으로 희생하고자 했는가?

자기 몸을 내어주다 구정물 되어
오물로 버려지는 마지막까지
아름다운 내면으로
화단에 꽃 피운다

할머니의 봄

보리밭 이랑에 서리꽃 피어오를 때면
어김없이 떠오르는 추억 하나
허름한 미장원 옆 포장마차 골목 입구
좌판 벌여놓고 파 몇 뿌리 냉이 한 옴큼
이른 봄을 캐고 있던 허리 굽은 할머니

늦은 점심 양은 도시락 반찬이
검버섯 핀 당신 같은 묵은 지
옥수수 같던 치아 세월에 내어주고
서럽게 베어 물고 눈물 훔치던
삭정이 같은 세월의 그 손마디

자식들 도회지로 다 떠내 보낸 할머니
그날도 허 한 가슴에 그리움 묻고
거뭇거뭇 석양이 내릴 때 쯤 동전 몇 잎
그때서야 시린 허리 무겁게 펴고
어둑해진 골목을 빠져나가셨다

향긋한 냉잇국 속에 들어있을
그 할머니가 문득 보고 싶어졌다
봄이 오는데,

물망초 되어

어느 날
파랑새 홀씨 하나 물고 와
내 마음의 아주 작은 정원에
살포시 심어놓고 가더니
푸른 잎 돋아 가지마다 파랑새 깃들어
사랑 노래 우짖고 행복했었지

천 리 길 멀다고 투정하던 그대
어느 날 말 도 없이 훌쩍 떠나간
빈 둥지에 스산한 바람불어
아름답던 정원엔 마른 잎 뒹굴고
가슴속엔 아릿한 흔적만 남아
행복했던 그날이 그리워지네

가슴에 새겨진 보랏빛 사랑 다시 온다면
먼 발취에서라도 바라보고
바람결에라도 당신 숨결 들려오면
그대 가슴에 한 송이 물망초 되어
뜨거웠던 심장에 향기로 피어나리

당신이 부르는 이름

여린 가슴 열어 살며시 들어온 당신
언제부터인지 내 마음 흔들어놓고
시치미 뚝 떼며 모르는 척
술래 되어 헤매게 하는 얄미운 사람
오늘도 찾고 찾아 숨바꼭질한다

손대면 터질 것 같은 포도알 같은 그리움
까만 밤 지새우는 내 마음 아실지.
유난히 반짝이는 유성 옆에 작은 별 하나라며
바보스러워 좋다고 놀려대는 당신
그런 당신이 좋은 걸 어떻게 하나요?

그대가 붙여준 바보라는 이름
바보. 바보. 바보야.
입안에서 맴돌며 왠지 좋아지는 이름
잘난척하는 것 어리석은 것 도
그대 앞에선 바보

오늘도 어김없이 내 곁에 다가와
낮은 목소리로 바보야 사랑한다
다정하게 속삭이면 또 바보 되어
눈시울이 붉어지는 것은
당신이 나를 얼마나 사랑하는지
확인하는 찰라 이기 때문입니다

詩와 詩人

우주의 시공도 정지된 고요 속에
꼼짝없이 마음마저 묶였는데
오늘따라 초승달도 여정에 지쳐 있다

낡고 구겨진 순정이라도 다 끄집어내
곱게 다림질하고
희미한 과거사 퇴고하여 수정하고 싶은데
사토질 땅에 샘을 파는 고통의 행진

밤새 불 밝힌 외눈박이 가로등의
고독까지 사랑하고픈 마음을 아는 듯
시인이라는 이름 위에
수만 볼트의 불빛을 쏟아낸다

그래. 언젠간 꾸밈없는 진실하나
반듯하게 심어 누군가의 심장에 꽂힐
활시위를 당겨야 한다
詩人은 詩와 살고 詩는 詩人의 손에서
환희의 춤을 추는 순간까지.

그때는 정말 몰랐습니다.

당신이 내 가슴에 사랑을
심어놓기 전에는 태양이
불덩이인 줄을 몰랐습니다
이젠, 당신의 열정적인 사랑이
태양이라는 걸 알았습니다.

밤하늘에 점점 커가는 둥근 달을
그때는 정말 몰랐습니다.
살포시 당신 품에 안기고서야
당신이 둥근 달 이란 걸 알았습니다.

당신이 사랑을 고백하기 전까지는
밤하늘 별들의 속삭임이
무엇을 의미하는지 몰랐습니다
다정하게 다가오는 당신이
바로 보석처럼 빛나는 별입니다

당신을 사랑한 것이 잘한 일인지
함께한 시간이 가장 행복한 순간이었는지
그때는 정말 몰랐습니다
당신의 마음을 내 안에 담았던 순간을
밤마다 그리워하며 잊지 못해
그때가 행복이었던 것을 알았습니다.

장미꽃이 왜 가시와 함께 있는지
그때는 진정 몰랐습니다.
장밋빛 사랑이 심장에 꽂힐 때에야
사랑도. 아픔과 함께 있음을 알았습니다.
당신이 보고 싶어도 만날 수 없다는 건
심장을 찌르는 아픔이란 걸 느낀 후에야
장미도 가시가 있음을 알았습니다

박재근

울산 출생

현대문학사조 등단

현대문학사조 작가회 회장

건설회사 대표

사랑 병

그까짓 것 하고
매몰차게 버리고 나면
어느 사이
내 심장 속에 들어와 있다

다 거짓들이야
아닌 것이라 다짐하고
돌아서 보면
배시시 웃고 있다

꿈이야, 꿈을 깨어야지
얼음물 한 바가지 퍼 들어 보면
허 허
물속에서 오들오들 떨고 있다.

병이야 병
사랑 병이야

코스모스 연정

가슴을 다 열어 놓을 테니
마음껏 품어라
수줍은 듯 한들거리는 유혹으로
푸른 하늘까지 내렸으니
바보 아니라면
가을 남자야

햇살에 살풋 붉어지고
아침 이슬처럼 맑은 마음
너를 향한 것이라도
꺾지는 마라
어스름 달빛 아래
너와 함께라면
가을 남자야

숙제

오래전부터 내 안에든 시 귀하나 "사랑"이
아프기만 하여 끝 네 버렸습니다.
조금의 시간이 지나면 가물가물 멀어질
강물에 띄워 보냈습니다.

아름다웠고 행복했던 밀어 하나하나를 챙겨
미련 없이 버리기가 쉽지 않았습니다.
매몰찬 마음으로 아무 일도 없었던 것처럼 한 짓이
세상의 이치일까마는 두려웠습니다.

보고 듣지 않으면 그만이라는 것이 비겁한 건지
인간사 다 그렇게 하는 것인지 알 길도 없어
질문으로 던져 놓았습니다.

"사랑" 이라는 시 귀 그 안에 든 것이
진정 사랑한다 사랑한다 사랑뿐 이던가요?

碑木의 노래

새벽지나 아침까지, 갈 곳도 없는 나그네처럼
글 한 줄에 발목이 매여 밤을 보내다가
이 시간에 혹시나 누가? 나처럼? 하고, 컴을 여니
어느 시인이 올려놓은 애잔한 비목의 음악

담배 한 개비에 포연 같은 연기를 내뱉으며
산 너머 멀어지던 포성의 여운 그날을 추억한다

끝내 승자도 패자도 없는 명분 없는 전장에서
초연히 사라져간 이름 모를 병사의 마지막이
저토록 애절하고 허무했었지

혹시 나처럼 시인도
그날의 전장 터에 사랑하던 사람 잃었는지
그래서 그 사람 생각하며 아침을 함께할 사람 있는지
저 슬픈 碑木의 노래를 올려놓고
못다 한 울음 쏟아내고 있는지

百世酒

이른 봄 새순 자르고 설익은 가을 열매 따서
석 달 열흘 우려낸 아내의 정
심산유곡 풀뿌리 캐어 수국 핀 뒤뜰 응달에
삼 년 묵혀 보내준 山寺 스님의 정
해마다 쌓여
귀한임 오면 옛 얘기 국자로 퍼 주고받으려 했는데
세상 잘못 살았나? 찾는 이 없어 그대로이다

아내의 한마디, 누굴 기다리나? 정력에 좋다며?
권주가인지 빈정거림인지
그래, 그래 좋은 것이지 귀한 것에 세월까지 우려내었으니
내가 먹어야지, 한 50년 먹을 거야 두고 죽을 순 없지

묵힌 정 여니 산 향, 꽃 향 가득
향기만 마셔도 백 년도 더 살겠다.

저주

먼 데 있어도
눈앞에 있다

잊으려 해도
넘쳐 나기만

몹쓸 사람
내 안의 저주

아름다운 가을 이별

이제 남은 건 널 보내는 일
네가 타는 만큼 나도 태웠다
우린 더 태울 것이 없어서
이렇게 들녘까지 내려와
마지막 국향에 취해 보는 거야
어때? 이별주 딱, 한 잔만
그리고 우리 헤어지세

산중 길에 함박눈 내려
설화가 피고
설원에 달빛마저 내리면
그 길로 가는 너의 아름다움을
한동안 잊지 못할 거야

혹시
이별주에 취하고 운치에 넋을 잃어
길이 어딘지 모를 땐
그땐, 아무 말 말고
짐승의 흔적을 따라가시게

잘 가시게
나도 하던 일 다 하면 곧 따라감세.

삐딱한 중심

어제와 오늘이 맞물리는 그 틈새를 미처 빠져 나오지 못하고
그는 그만 발목 하나를 때어주고 나왔다
순간을 버텼더라도 온전치는 못했을 것이다.
그는 그 후 한 번도 바로 걷지 못하고 삐딱하게 살았다
간짓대처럼 곧게 사는 것이 얼마나 힘든 일인가를 몰라도 되는
편한 삶이었으리라
좁은 골목이나 사무실 문을 열고 들어설 때마다 그는
삐딱한 육신의 각도를 계산하고 그 여유만큼 물러났다.
중심은 자기가 보는 중심이 중심이라 했다
곧은 것이 쉬 부러질 수 있다는 그는
오늘도 삐딱하게 살면서도 웃고 있다.
세상의 중심, 자신의 중심이 삐딱해 지면 그 각도만큼
여유롭게 물러나는 아름다움을 본다,

서현숙(徐賢淑)

한국문인협회 경기도 백일장 운문부 우수상

서울 올림픽 경기도 주부백일장 입상

고양 문인협회 문예백일장 산문부 최우수. 운문부 동상

율곡문화제 차하, 다산문화제, 양주문화제 입상

경기도 주부기예경진대회, 구리시, 파주시 주부기예 경진대회등 다수 입상.

학보사 편집장 역임

한국방송통신대학 국어국문학과 3학년수료

사랑은 사람을 살립니다.

옛날에 아기돼지 삼 형제가 살고 있었습니다. 어렸을 때는 아빠 엄마가 보호해주고 젖도 주며 사랑을 받고 살았습니다. 셋은 마냥 풀밭에서 즐겁게 놀기만 하다가 집이 필요하다는 것을 알게 되었지요. 각자 자기 몸을 보호해주고 편히 쉴 수 있는 집을 짓기로 했습니다.

가난하고 새마을 운동이 한창이던 50~60년대 시절이었지만 분에 넘치는 사랑을 받던 유년시절이었습니다. 친가쪽이나 외가 모두 딸이 귀한 집안인지라 아들만 우글거리는 집안에서 귀한 양념딸 대접을 받았지요. 모든 게 다 귀하던 시절 금보다 비싼 손목시계를 외할머니께 선물 받고선 으스댔던 기억이 납니다. 그리고 검정고무신 일색이던 그때 꽃고무신과 운동화를 신고 다녔으니 더할 나위 없었지요.

첫째 아기돼지는 짚으로 집을 지었습니다. 뒹굴어보니 푹신하고 포근합니다. 더구나 냄새까지 좋은 지푸라기 집이 무척 마음에 들었습니다. 둘째는 통나무로 짓느라 약간 낑낑댔지만 스스로 흐뭇 했습니다. 푹신한 맛은 덜했지만 내 몸 하나 운신하기엔 딱 좋았습니다. 집을 다 지은 둘은 콧노래를 부르며 셋째 동생에게로 구경 갔습니다. 셋째는 아직도 벽을 세우고 있는 중 이었지요.

튼튼한 벽돌로 벽을 쌓고 차곡차곡 집을 만들고 있었으니까요. 형들은 더딘 집짓기를 보며 비웃다가 들로 놀러 갔습니다. 형들이 그러거나 말거나 셋째 아기돼지는 더욱 튼튼하게 열심히 집을 지었습니다.

그 지역에선 제법 알아주는 학교에 진학했고 자신만의 영역을 굳히며 쌓아갔습니다. 꽃이 피는 시절이었지요. 동아리 활동도 문예지를 만들기 위해 등사기와 씨름하는 일도 즐거웠습니다. 결코 지푸라기나 통나무가 아닌 벽돌을 시멘트까지 발라가며 튼튼하게 삶을 지어가고 있다고 생각했습니다. 관심을 갖는 부문에 최선을 다했고 열정을 쏟았습니다. 오만하고 자만심이 가득했지요.

그때 배고픈 늑대가 어슬렁거리다가 풀밭에서 놀고 있는 아기돼지들을 발견했습니다. 각자의 집으로 재빨리 도망간 아기돼지들은 문을 꼭꼭 걸어 잠갔습니다.

첫째 아기돼지의 지푸라기 집은 늑대가 후 하고 입김 한 번 불자 맥없이 쓰러지고 말았습니다. 둘째네 집으로 피신했으나 통나무집도 두세 번 불고 밀치자 흔들거리더니 부서지고 말았습니다. 마지막 희망인 셋째의 집으로 달음질쳤습니다. 그 사이 완성된 집으로 셋째 아기돼지는 형들을 맞아 들였습니다. 문이란 문은 모두 잠그고 유리창도 꼭꼭 걸어 잠갔습니다.

사랑은 관심을 갖는 데서 시작됩니다. 바위에 구멍을 뚫는 것은 소나기가 아니라 한 방울씩 똑똑 떨어지는 낙숫물이었습니다. 자잘하고 잔잔한 일들의 어려움과 스트레스가 몸과 마음을 쇠약하게 했습니다. 한 남자의 끈질긴 구애도 그 부모의 물질 앞에 흔들리는 것도 보았고 옆에서 미신에 빠지거나 사기당하거나 세상을 이별하는 일도 겪었습니다.

한 문을 닫으면 다른 문을 열어달라고 떼쓴 사십일 기도 후 맞선이 내가 쉴 수 있는 집인 줄 알았습니다.

관심 밖의 사건은 무관심했고 둘만의 사랑 나누기에 만족했습니다. 두 분 시부모님의 중병과 기나긴 간호, 연이은 남편의 교통사고는 그동안 애써왔던 집을 무너뜨렸습니다. 지푸라기였고 통나무였음을 여실히 드러내었죠.

아기돼지 삼 형제는 비로소 안도의 한숨을 내쉬었습니다. 늑대가 아무리 입김을 불어도, 콧김을 내 뿜으며 온몸으로 흔들어도 튼튼하게 지은 벽돌집은 결코 무너지지 않았으니까요..

문 밖에는 이를 드러내는 늑대가 전쟁터와 같이 살벌하게 생명을 위협해도 맛있는 빵을 구워 따뜻한 불빛 아래서 안도의 식사를 할 수 있었습니다. 배고픈 늑대는 유리창 너머로 침을 흘리며 바라볼 수밖에요.

사랑은 희생을 통해 이루어집니다. 마음 넓은 시부모님은 고통스럽고 힘들 때 나를 인정해주고 기쁘게 해주시려 고민했습니다. 밤 열차를 타고 오는 내내 서울 도착 때까지 무릎을 내어주시던 아버님의 사랑은 참으로 따뜻했습니다. 혼수가 없어도 나 하나로 족하시다는 말씀과 보기만 해도 좋다며 허허 웃으시던 배려는 깊고도 넓었습니다. 기나긴 투병생활에 물질은 물론이고 영육이 피폐해져 벗어나고 싶을 때도 있었지만, 항상 역지사지로 생각할 수 있었던 것도 부모님의 희생으로 바로 설 수 있었기 때문입니다. 칭찬이 있고 기도가 있는 형제와 이웃들의 희생이 거름이 되어 벽돌집을 지을 수 있었습니다. 교만은 자신을 이기는 과정을 거쳐 겸손과 감사의 벽돌로 쌓아져 갔습니다. 만족할 줄 아는 것이 부유함이라는 것도 아는 지혜를 배웠습니다.

사랑은 사람을 살립니다. 부모님 두 분은 암으로 사망선고를 받았으나 여러 해를 생신상을 받으셨습니다. 평생 휠

체어 신세를 면치 못할 거라는 남편은 두 발로 걷고 운전도 잘합니다. 가족에 대한 사랑 때문일 거라 생각하지만 사람은 사랑할 때 가장 행복하다고 합니다. 사랑의 그릇이 차고 넘쳐서 나눔으로 더 넘쳐나길 바래봅니다. 나와 내 이웃과 우리 모두가 튼튼한 벽돌집에서 행복하게 살 수 있도록 말입니다.

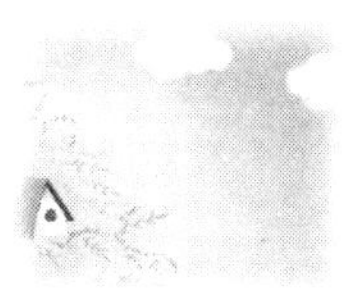

뒤돌아보기

초등학교 2학년 딸과 유치원생 아들을 예쁘게 키우고 있는 엄마의 생일이 되었습니다. 아이들을 사랑하는 엄마의 생일 날,아이들은 엄마를 기쁘게 해 드리기 위해 선물을 사기로 했지요.

볼록해진 돼지저금통의 배를 가르고 아껴 모아둔 용돈까지 합해서 선물을 받고 좋아하실 엄마의 얼굴을 그리며 가게로 달음박질 쳤습니다. 딸아이는 뭘 살까 고민하다가 '예쁜 엄마가 이걸 바르면 더 예뻐 질거야' 하면서 빨간색 립스틱을 샀습니다. 동생은 '엄마는 날 사랑하시니까 내가 사고 싶은 장난감 권총을 사서 드려야지? 그렇게 하면 엄마는 분명 나에게 다시 주실 것이고 좋아하는 내 모습을 보면서 행복해 하실 거야' 라면서 장난감 권총을 샀고요.

관심과 초점을 누구에게, 어디다 두어야 하는가를 여실히 보여주고 깨닫게 해주는 예화입니다. 엄마가 기뻐 하시는 것, 엄마가 좋아하는 것에 중점을 두어야 하지만 우린 그걸 염두에 두기가 쉽지 않습니다. 매번 서툴고 자주 이기적이며 내 기준으로 판단합니다. 일 년의 반도 지났고 인생의 길도 반환점을 돌아섰습니다. 뒤돌아보기가 겁이 나기도 합니다. 고개가 좌우로 돌려봐도 180도 밖에 돌아가지 않는다며 등 뒤의 흔적을 애써 외면합니다. 움푹 패인 발자국이 눈물이었건 고통이었건 때론 기쁨과 환희와 즐거움으로 칠랑거린 웅덩이었 건 그건 이제껏 밟고 온 디딤돌입니다. 나의 분신입니다. 내 역사입니다.

뒤돌아보고 느끼며 통곡할 것은 통곡하겠습니다. 건져 올릴 것은 건져 올려 보겠습니다. 이것을 바탕으로 푯대를 정하고 초점을 맞춰 중심 있는 삶을 살아가겠습니다. 그리하여, 나로 하여금 그가 기뻐할 수 있고 자랑스러움을 느끼게 할 것입니다. 성숙되고 자발적인 심정으로 사랑하고 기쁘게 해 드려야 가장 최선임을 또한 알기에 뒤돌아보기를 게을리하지 않을 것입니다. 충분히 적시고 창조성 있는 아름다운 시간을 만들어 나갈 것입니다.

석용호(石容鎬)

필명 石花
월간모던포엠 시부문 신인상
세계모던포엠작가회 회원 / 모던포엠 동인
한국도로공사 금강톨게이트 금강기업 대표
충북 충주시 충주대학교 졸업
체신부 강릉무선국 근무(1972.11 -1979,3)
한국도로공사 근무(부장)(1979.3-2005.12)
금강기업 설립 및 대표취임(2006.7~ 현재)
저서 : 꽃잎, 허공에 파문을 빚다

새날에는

새날에는
이 땅에 태어남을
감사한 마음으로 살게 해 주소서.

새날에는
어렵고 힘든 이웃들을 위하여
일할 수 있도록 용기를 주소서

새날에는
증오와 분노의 마음을 거두어 버리고
온 누리에 평화만이 존재하게 해주소서

새날에는
새벽길을 나서는 발걸음과
돌아오는 발걸음을 가볍게 해주소서

새날에는
검푸른 바닷속을 헤치고 솟아오르는
태양처럼 뜨거운 열정으로 살아가게 해주소서

새날에는
희망과 행복으로 가득 찬 하루를 보내고
사랑하는 가족과 함께 포근히 잠들 수 있는
꿈이 이루어질 수 있기를 간절히 소망합니다

〈壬辰년 새해 아침에 수리산에서〉

물같이 살라하네

한 방울의 물이 모여
골짜기를 이루고

골짜기 물은 모여
실개천을 이루고

실개천은 다시 모여서
개울물이 되고

개울물은 모여서
강물이되어 흘러 흘러가며

한 방울의 물이 흐르다 보면
좋은 일 어려운 일도 만나며
끝내는 바다로 들어가 마감을하게 되네요

사람도 한 방울의 물처럼 세상을 살다 보면
슬픈 일도 기쁜 일도 거치게 되는 것 따라서
자신의 삶에 대하여 지나치게 비관하거나
괴로워 하지 말고 흐르는 물같이 살라하네.

情이란

눈으로 보이지도 않고
코로 맡아지지도 않고
입으로 맛볼 수도 없는

귀로 들을 수도 없고
손으로 잡을 수도 없고
그림자로 나타나지도 않는

그러면서도
눈물도 흘리게 하고
가슴을 도려내는 아픔도 주고
한숨도 나오게 하며

사랑은 이별이라는 끝이라도 있지만
시작도 끝도 없이
시도 때도 가리지 않고

안개처럼 피어났다가는
바람처럼 사라져가는
지울 수도 지워지지도 않는

밟으면 밟을수록
점점 더 쑥쑥 돋아나는 야생초처럼
실체는 없어도
사람의 간장까지도 녹여버릴 情을
어찌할꺼나 어찌할꺼나....

산촌의 겨울

앞을 바라보아도
뒤를 돌아보아도
온통 하얀 세상뿐

얼기설기 서 있는
소나무 푸른 솔잎 위에는
하얗게 눈꽃이 피어있고

산촌 마을 여기저기
굴뚝에서는 하얀 연기
모락모락 피어오르며

도회로 떠난 폐가에는
인적이 끊어진 터라
길마저 눈속에 묻혀 버렸네요

멀리서 바라보는
눈 덮인 산촌의 겨울은
한 폭의 수채화 같아 보인답니다

작은 기도문

미워하며 떠난 사람이지만
미움을 당하지 않게 해주시고

나를 버리고 간 사람이라도
버림당하지 않게 해주소서

상처를 주고 간 사람이라도
증오를 당하지 않게 해주시며

괴로움을 던저 주고 간 사람이지만
괴로움을 당하지 않게 해주시고

슬픔을 남겨 주고 간 사람이라도
기쁨이 돌아가게 해주시며

불행을 안겨주고 떠난 사람이라도
행복이 돌아갈 수 있기를 바라는
작은 소망을 담은 기도를 드립니다

그대는 내게 있어

눈을 감아도
길을 걸어도
아련히 떠오는 그대의 모습.

아침에 눈을떠서
잠이 드는 순간까지도 모자라
꿈에서까지도 그리운 그대

그대의 숨결 소리만 들어도
그대의 음성만 들어도
내 모든 것을 앗아갈 듯한 그대

지우려 하면 할수록
장마 속 잡초 피어나듯이 점점 더
내 온몸을 휘 돌아치는 그대

그대는 내게 있어
어떤 존재이기에 바라만 보아도
환상에서 마저 헤어날 수 없도록
내 육신과 영혼까지도
송두리째 삼켜 버리는 그대.

수리산(修理山)의 봄

산의 한 자락은 안양에 걸치고
다른 한 자락은 군포에 슬쩍
등 자락은 안산에 기대어 놓은

동산보다는 높고
앞산보다는 낮은
사백칠십 다섯 높이의 修理山…

풍화에는 약하다는
백운모 흑운모가
어우러져 태을봉을 이루었고

얼음장 밑으로는 물 흐르는 소리
나무들의 물 오름소리
이 골짜기 저 골짜기에서는
봄맞이 소리가 한창일세

봄의 소리와
산 정기가 어우러져
내 품 안으로 들어오는 이때에

덤으로 사는 인생의 새 출발을
이곳 수리산에서 시작하게 되니
이 또한 얼마나 기쁘고도
행복한 일이 아니겠는가

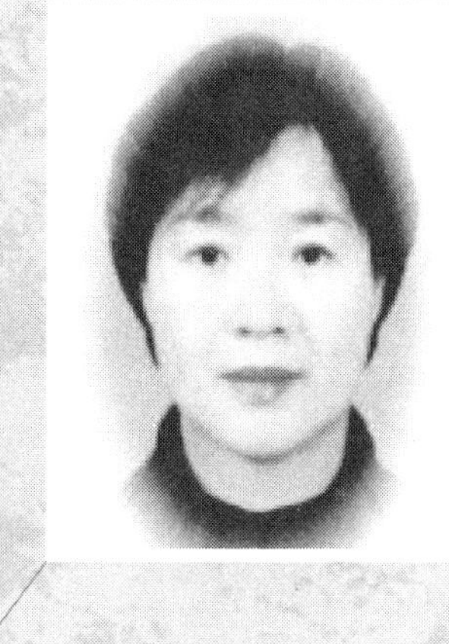

신명순(申明順)

1964년 서울 태생
현대문학사조 시 등단
진달래 문학 회원
움터 동인지 회원
현 과수농사 재배

사랑보다 더 아픈 건

사랑보다 더 아픈 건 남을 아끼는 마음입니다
조그마한 실수로 감정 조절이 안 돼
조급함에 행동을 드러내지만

남을 아끼는 마음은 자존심을 건드리지 않으려
참고 허물을 감추는 애틋함입니다

그 순간의 아픔은 사랑하는 연인의 이별보다
더 고독해집니다

상처로 받아들이지 않습니다
미련도 없습니다

아픔이 성숙해질 때 모든 걸 잊게 됩니다
시간이 지나면 진심함이 통해 영원한
친구가 됩니다.

상처

연분홍 살갗에
검게 물든 딱 정이
손으로 떼어내면
시원해지지요

홈에 패인 살덩이 사이로
붉은 액체가
송골송골 맺히고
주르륵
핏방울이 아롱지지요

긴 긴 세월
시간이 지난 뒤에는
고운 살갗에 얼룩이 질 거예요.

책은 수면제

책 한 웅 큼 잡아들고
하루 꼬박 책과 씨름 하는 나
업 치 락 거리다 집중하고
불편해지면 자세를 가다듬는 나

한 곳에 정신이 쏠려
눈자위가 흐리멍덩해져 버렸다

한참을 가다
정신 줄을 내려놓아
한곳에 머물러 있더니
내려올 줄 모르고
정지해 버렸다

마치 쓴 약을 먹은 것처럼
눈은 반쯤 감기고 보고 있던 글들은
수많은 점으로 바뀌어 버렸다
눈을 뜬 것 같으나 무의식 상태다

또 다른 내가 다른 행동을 취한다
꾸벅꾸벅 졸고 있는 모습이었는지
벌떡 일어나 책장을 덮는다
그리곤 잠에 취한다.

효자손

찬바람 불면 살갗이 예민해지나 보다
연하고 부드럽던 것들이 돌변해
피부를 간지럽히고
건조한 틈을 타 온몸을 자극하기 때문이다
섣불리 움직일 수가 없다

따끔한 고통에 눈을 지그이 감고
참아야 하는 순간
번뜩이는 아이디어가 생각났다

벽에 걸린 효자손으로 몇 번 긁었더니
답답했던 마음이 가라앉았다
속 시원해졌다
날아갈 것 같은 기분이다.

다짐

내 마음에 원하는 감사의 소망은
온전한 믿음으로 순종하는 것일세
마음으로 믿어 입으로 시인하여
구원에 이르는 은혜를 받으려네

하늘의 비밀을 알고자 구했더니
성령의 은혜로 눈을 뜨게 하셨네
잠자는 자들의 첫 열매가 되시니
헛되이 않으리 주님의 참사랑.

용서

남몰래 상처받은 사람의 눈짓
허물을 드러내려 가슴 아프고
근심을 얻을까 염려가 되고
오해가 생길까 두려 함이라

애정담아 눈물 흘리고
사랑담아 감싸 주리라
기쁨으로 화친하고
마음으로 축복하리라.

그리스도의 향기

순전함이 좋아요
드러내지 않아도
느낌으로 알 듯이

실망하지 마세요
염려하지 마세요

마음으로 외모로
자랑할 것 아니니

서로서로 화친하고
생명에 이르는
향기를 닮으세요.

핍박을 받아도
기도로 이기세요
슬픔이나 염려로
낙심하지 마세요

진실함이 나타나
모든 걸 믿게 되고
선한 양심 본받아
부끄럽게 하시고

질그릇에 담긴 보배
빛이 나게 할 거예요.

석계(石溪) 안상기

〈사〉호주한국문학협회이사

세계모던포엠 작가회 회원

〈사〉세계문인협회회원

좋은 문학 작가회 회원

호주 정부

코리아 소방설비 대표

멋 "코리아나" 대표

〈시집〉

내가 머문 자리

나 지금 어디에 서있는가?

〈공저〉

호주한국문학 3, 4집

한국을 빛내는 작가들 2집

시간

"일주일" 시간을 풀어보니
꽤 긴 시간
나름대로 부지런하게 살았는데
바람의 헤픈 웃음 같다

올해도 금연은
마음 다잡기도 전에 작심삼일
가짜 파이프가 힐끔힐끔 쳐다본다
제대로 작심, 하긴 했는지
마음은 늘 속도위반이다

인생은 속도위반 하면서
시간에게 큰 소리치면서 그 벌로
노령화의 감옥으로 들어가는 것이
인생이라니
죄 값으로 땀 흘리는
이 시간에 자위해본다

사랑하는 일

오늘따라 날씨만큼이나
마음 한 귀퉁이가 희뿌옇다
마음 거울에 나를 비춰보고 싶다
보나 마나 모래바람에 헝클어진 모습에
허무로 무장된 알몸뿐이지만
삶의 일부
그 삶을 곤두박질쳐 버릴 순 없지 않은가,

어디 맑은 개울물에서 씻어보고 싶지만
마음에 쌓아놓은 동산은 어쩌나
아직 초저녁인데 눈꺼풀이 감기기 시작한다
삶에 묻혀 읽지 못한 책 어른거린다

현장에서 피곤한 날이면
육신의 수면 밑으로 파도가 일어나고
몇 시간 호수보다 깊은 잠 속에서
사랑하는 사람들의 눈을 만나기도 하고
마음을 나누기도 한다
새벽보다 더 깊은 사랑을 기다리기도 한다
그렇지 세상살이 뭐니 뭐니 해도
사랑하는 일보다 행복한 일 어디 있는가
가족이라는 그늘 역시
사랑하는 일의 순위가 아닌가,

소중한 인연들

해마다 12월이면 이국의 강 언덕에서
시린 뼈를 감싸 안고 삶에 그물 던지기에
급급했던 날들이 주마등처럼
기억 속으로 뛰어든다

훗날 내 열정이 식은 뒤에도
오래오래 따라다닐 것이다
기억의 강물 속에서 선명한 조약돌이
세월에 뭉글어 지는 것처럼

가슴속에 또렷한 이슬로 남은
인연의 이름까지도
빛과 어둠처럼 나누는 일은 없었으면 좋으련만
바람의 방향처럼 어느 바람결에 스치고 지나갔어도
나 역시 누군가의 가슴속에
이슬같이 초롱초롱 남아있기를,

대지에게 물어보라

인간수명 150까지 갈 수 있는 약
호주에서 발명한다는데…….
사람이 사람 모습 그대로 간직한다는 것이
어디 나이 탓이랴,
진정성에 참 의미를 멈추기 때문이리라
대지를 보라
생명은 결코 돌고 돌아 제자리로 돌아올 뿐
늙지도 않고 죽지 않는다

대지에게 물어보라
망상가의 눈엔 천지가 뒤틀려 보여도
참 햇살 같은 눈으로 바라보면
검은 구름 속에 노니는 바람
어찌 볼 수 없으랴

매일 아침 눈뜰 때마다
내 자신이 변화된 나를 만나는 설렘
맛보지 않고선
진정성의 참 의미를 어찌 알 수 있으랴
삶의 참 의미를 알지 못하고서
인생 골 백 살을 살면 무엇하랴
늙지도 죽지도 않으면
대지의 정화는 어쩌랴

분꽃

저리도 볼품없는 꽃
누이 닮은 꽃
누가 분꽃이라 이름 지었나
보면 볼수록 편안하고
청순함이 묻어나는 가냘픈 꽃
향기 없는 꽃
누가 분꽃이라 이름 지었나
아름다운 꽃이 피는 곳엔
벌 나비가 날아들어야 할 것을
저리도 청순한 누이 닮은 꽃
왜 벌 나비 오지 않는가

자연도 인간세상 닮아가는가
겉보기로 판단하는 이 세상
벌 나비도 닮아가는가
저리도 어여쁜 꽃
벌 나비
어찌 보지 못하는가

가슴에 맺힌 사연

아침이슬 방울방울 풀잎에 맺힌 사연
어둠으로 내려앉은 저 물빛그림자는 알겠지
아침이면 높아지는 하늘의 사연을
영롱한 햇살은 알겠지
어둠에 사리를 튼 채로
하얗게 까맣게 속삭였던 시간들을

투명한 진실 앞에 한 자락 빛으로
풀어놓은 사연을
사나이 가슴속에 접어놓은 사연을
오늘은 미로 속에 묻혀있을지라도 진실
그 속에 방울방울 이슬로 맺혀있음을

누구의 말처럼 아집이라도 좋고
고집이라도 좋다
맑고 투명한 세상 속에서 숨 쉬는 시간이라면
그저 가슴속에 이슬처럼 달려있어도 좋다

자신의 그림자

인생의 역전을 꿈꾸며 뿌리내린 시드니
모진 바람 이겨내고 내 젊음 밀어내는
세월의 손 잡고 소금 꽃 피워 온 지 수십 해
뒤돌아보니 아득한 벼랑에 서 있었던 기억마다
한 줄기 빛이 나를 감싸주었지

바람이 조롱하고 구름이 눈 흘겨도
그 눈길 비켜 앉곤 했었지
태평양 비낀 노을에 눈물짓곤 했었지

인생이란 뒤돌아보니 어둠은 그리 오래
그리 멀지 않다는 것도 알았지
자신의 그림자 자신이 만들어간다는 것도

인생이란 독백의 수렁에서
허우적거린다는 것도 알았지
파르르 떨며 지나는 바람
그리 길지 않다는 것도,

德山 양정성

현대문학사조 시등단

한국문인협회 회원

경남대학교 이과대학 학장역임

경남대 화학과 명예교수, 이학박사

러시아 자연과학아카데미 회원

가을 억새

가을은 억새의 계절 내 고향 저수지 뚝에도
새하얀 억새꽃이 한창일 것 같다
바람이 불면 억새도 흔들리고
이곳을 지날 때 내 마음도 흔들렸다
지금 내 사는 잠실 아파트 길가에도
은행나무가 노랗게 물들어 가고 있다
계절의 향기가 시골이든 도시든 다를 바 없듯
인생의 사계절도 매한가지일 것 같다
내 인생의 계절은 어느 계절에 와있을까!
아마도 늦가을에 와 있을 성 싶다
석양에 노을이 아름답듯이
내 인생의 계절도 아름다워야 하겠다 한문에 석(夕)가(嘉)
헌(軒)이란 말과 같이
석양에 아름다운 집처럼 나도 곱게 곱게
계절에 걸맞게 물들어가야겠다

호암산 솔밭길

호암산 오리 길에
잔디는 누렇게 물들고
솔밭 사이로 찬 바람 타고
간다 온다 말 한마디 없이
그리운 님은 멀리 떠났구나

그리 쉽게 떠나야 했었더라면
차라리 오지나 말았어야지
정만 남기고 어디로 가버렸나

오늘따라 솔밭길을 혼자 걷자니
솔밭 사이 바람이 더더욱 차갑구나

새봄엔 꽃 바람 타고 왔으면 좋으련만

부여를 찾아

10월의 맑은 하늘 맑은 바람 속에 부여를 갔다
천여 년 전 백제의 마지막 흔적이 곳곳에 뵌다

반월성을 넘어 사비루에서 백마강을 바라보니
백제의 옛꿈은 사라지고 삼천궁녀는 간 곳이 없네

백마강 변 드넓은 벌에 곱디고운 코스모스는
삼천궁녀의 넋을 위로하려고 저렇게 곱게 피었을까

나룻배에 몸을 싫고 낙화암을 바라보니
한복을 곱게 입은 삼천 궁녀들이 보이는 듯하다
고란사에 올라가 왕이 즐겨 마셨다는 약수에
목을 축이니 그 옛날 백제 꿈이 간절하다

석양에 붉은 노을은 삼천궁녀의 넋을 달래려고
저렇게도 고울까 아니면 백제의 멸망을 못 잊어서일까
이 생각 저 생각 하는 중에 고란사에 날이 저물고
강가 물새소리에 나그네의 마음은 무겁기만 하구나

함께 살아야 하는 지구

어두운 밤 반짝이던 반딧불은 어디로 갔나
깊은 산 속 뻐꾹 뻐꾹 뻐꾸기는 어디로 갔나
파란 하늘 소쩍 소쩍 소쩍새는 어디로 갔나
푸른 숲 속 똘망똘망 사향노루는 어디로 갔나

이제는 볼 수 없는 다정한 우리의 친구들
우리는 어찌하여 알지 못하는가
함께 모여 살아야 아름다운 것을 또
이 땅은 우리 후손들이 살아갈 곳인 것을

그리운 님

오래전 젊어서 만났던 그 사람
가슴이 답답하고 서러움이 밀려오면
문득 생각나는 그 사람
그는 내 가슴에 활을 쏘고 떠나갔지만
그래도 나는 그를 원수로 생각하지 않는다
하늘 아래 어디선가 잘 살아가기를 바란다
그대가 홀연히 떠나던 날
내 가슴은 숯검정 같이 타버렸었지
그대의 가슴도 나처럼 타버렸을 성 싶다
나는 아직도 그대를 못 잊어 하고 있지만
그대는 나를 미련 없이 모두 잊었기 바란다
그리고 새 희망을 품고 밝게 살아가기 바란다
언젠가 인연이 다면 곱던 그의 모습이 보고 싶다
오늘 밤도 바람이 세차게 분다
또 달빛도 유난히 차갑다
많은 세월 갔어도 아름답던 그 모습이 그립다

그때 그 시절

해 걸음
길고 긴 춘삼월 봄이 왔건만
참으로 배고픔 시절 꽃이 피었는지
새가 우는지 아름다운 강산에 울지 못하고
풀피리 보리피리를 사무치게 불었으니
뉘라서 봄바람 꽃 바람을 환희하고 춤추었는지
이웃집 누님도 나물 바구니 안고 먼 산만 바라본 시절
그래도 그 시절엔
순박한 이웃 정에 오순도순 정겨웠건만
이제는 이웃 정도 없거니와
푸르고 맑았던 강물은 옛 강물이 아니요
반기도록 양춘에 날아들었던 강남 제비 올듯 말듯 하니
어느 날 고향 땅에 가서 회포를 풀소냐
세상사 어지럽기로 재앙악귀 성했나니

이상한 꿈

꿈에 돌아가신 어머니를 만났다
고향 어릴 적 살던 동네 밭고랑에서
늦가을인지 어머니와 함께 일하던 밭
그곳은 탐스런 빨간 고추가 주렁주렁
그 옛날 어머니와 함께 일하던 그 밭
일상의 대수롭지 않은 얘기를 나누는 중
내가 제일 좋아하는 이모님이 나타났다

어머니 이모와 내가 있는 바로 옆이
그 옛날 누가 살던 허물어진 빈 집터다
신 나게 이모님과 어머니와 얘기 중인데
일본에서 어제 찾아온 귀한 외손자가
할아버지 일어나요 하고 흔드는 바람에
곤한 잠을 깨고 말았으니
깨지 말고 더 그 시간이 길었으면 하는
아쉬운 마음에 한참을 일어나지 못했다

평소 돌아가신 어머니가 꿈에 잘 안 보였는데
이날은 어찌하여 나타나셨을까
아마도 살아생전 그렇게도 귀여워하셨던
손녀가 시집을 가서 친정에 온 그 모습을
보고 싶어 나타난 것이 확실할 성 싶다

지금 껏 사시면시 증손자를 볼 수도 있으련만
저승에 가신지 벌써 십여 년이 더 갔으니
그 옛날 나를 가장 사랑하셨던 그 어머니
오늘따라 그 어머니가 더욱 그리워진다

심원(心媛) 유성자

시인, 수필가
〈사〉호주한국문학협회 부회장
세계 모던포엠 작가회 회원
호주 韓國文學 주간
호주 동아일보 필진
호주한인연합교회 한글학교 교장(전)

〈저서〉
아침을 깨우는 새들의 노래

〈공저〉
호주韓國文學 1, 2, 3, 4 집(호주한국문학)
한국을 빛내는 작가들 1,2 집(좋은 문학) 외 다수

팥죽

시간은 현재를 낳고 현재는 계절을 부른다고 했던가? 좀처럼 추위가 다가올 것 같지 않던 6월 하순 날씨가 제법 쌀쌀해졌다. 반소매 옷이 무색해져서 긴 팔조차 걸쳤어도 몸속으로 파고드는 추위는 따뜻한 차 한 잔을 그리워하게 한다.

새벽 예배를 마치고 영의 양식을 풍부하게 공급받고 또 식당에서도 간단한 음식으로 교제 시간을 갖는다. 권사님들과 집사님들의 자발적인 봉사에 늘 감사할 뿐이다. 어느 날은 놀라울 정도로 푸짐한 베품에 감격할 때도 있다. 일터에 나가는 젊은 분들을 위해 샌드위치며 연세가 드신 분들을 위하여 건강식, 오트밀과 옥수수, 고구마, 계란 등등 골고루 영양을 갖춘 음식을 매일 메뉴를 바꾸어 가며 입과 눈을 즐겁게 한다. 이렇게 따사롭고 인정 넘치게 해주는 음식을 접할 때마다 하나님께 감사한다. 얼마 전 특별 새벽 기도회가 있었을 때, 예배시간은 물론 그 시간 이후에도 은혜롭기 그지없었다. 목사님의 열정적인 말씀에 귀를 기울이는 성도들의 모습은 전에 없이 진지했으며 영성 깃든 설교에 영육 간에 깊은 감동 감화를 받았다.

설교 시간이 짧고 한정되어 있어 못내 아쉽기만 했다. 예배를 마치고 각자 기도가 끝나고 식당에 가면 이른 새벽이지만 준비된 식단은 냄새도 다르고 먹으면서도 기쁨이 넘치며 하나님의 사랑과 기쁨에 다시 한 번 감격하며 가슴이 뭉클하다. 특히 일찍 하나님을 영접하고 교회는 출석했지만 확신이 없고 부정적이던 성도도 은혜를 받고 나니 완전히 변하여 입으로부터 나오는 언어가 달라졌고 몸소 자신을 스스로 말씀 안에서 살아가려고 노력하며 또한 진정으로 가식 없는 행함과 봉사와 헌신이 있는 가운데 삶을 즐거워하는 그의 변한 모습을 보고 주위 분들도 함께 기뻐하며 신앙의 본보기로 삼고 있다.

또한 식탁을 대할 때마다 감사한다. 수고하며 헌신 봉사하는 성도들의 웃음소리는 식당에서 넘쳐흐르는 사랑의 소리요, 평화의 흐름인 것이다.

이런 본보기가 어우러져 있을 뿐만 아니라 예의범절 또한 깍듯하다. 연세 높으신 어른들을 공경하는 경로정신이 투철하며 목사님에 대한 사랑과 공경이 돈독하다. 몸이 쇠약하거나 감기에 어려움을 겪는 어른께는 뜨거운 물 주머니를 제공해 주는 아름다운 마음의 성도님도 계시다. 이러한 여러 가지의 모습은 오랜 전통이며 믿음의 형제들의 경로정신 공경의 인(仁)과 체(禮)와 지(知)의 정신의 향기(香氣)가 충만한 것이라 하겠다. 즐거워하며 감사하며 삼삼오오 앉아 즐거운 마음으로 식사를 하고 오늘의 일터인 생활권으로 모두 돌아간다.

날씨가 쌀쌀한 어느 날. 날씨에 맞게 '팥죽'을 끓였다. 힘든 것도 잊은 채 사랑으로 이 새벽에 끓인 팥죽을 베풀어 주는 그분들의 정성을 생각해서라도 모두 참석하여 이 추운 아침 몸도 녹이고 따뜻한 식사와 성도의 교제 나누기를 바라는 광고까지 있었다. 모든 성도는 자리를 잡고 죽 한 그릇에 담긴 사랑의 메시지를 체험한다.

붉은 팥죽을 대하고 보니 문득 이스라엘에서 문설주에 붉은 양(羊)의 피를 바르고 선민을 구별하며 악귀를 쫓는 성경 구절이 생각났다. 우리나라도 옛날부터 농경을 마치고 난 늦가을 갖가지의 이름을 붙여 고사를 지낼 때, 또는 이사 개업 등등이 있을 때 팥이든 떡이나 음식에 죽을 쑤어서 뿌리며 나누어 먹으며 악귀를 몰아내는 풍습이 있다. 정말 이 팥죽은 단순한 죽이 아니라 사랑으로 엉긴 끓는 피의 상징인 듯했다. 왈칵 마음속에서 감사의 눈물이 솟아났다. 이런 수고는 성령이 함께하지 않으면 할 수 없는 일이다. 팥죽이 담긴 그릇에서 그윽한 향기가 풍겨 입맛을 유혹했다. 팥죽과 잘 어울리는 부추와 함께 버무린 무채나물이 신선하여 공복에 구미를 돋운다. 매일 아침 드리는 새벽예배는 은혜롭고, 즐겁게 봉사하며 동이 틀 무렵까지 성전에서 울려 퍼지는 웃음소리는 하루 삶의 큰 원동력을 주는 것이다.

성도 한 분 한 분 표정이 그렇게도 해맑을 수가 없다. 그들을 위하여 기도해주며 베푸는 그 모습은 천사처럼 보인다. "유학생, 교환학생, 직장인, 방문자로 오신 낯선 성도들! 시간에 쫓기면서도 이 새벽 하나님께 나와 마음을 활짝 열고 겸손히 손들고 의지하며 열심히 사는 그들을 어찌 무관심하시겠습니까?"

남편이 늘 들려주는 윤동주 선생 이야기가 있다.

"먼저 내 나라와 의를 위하여 간구하라고 하셨다."라며 윤동주 시인은 일본 유학시절 YMCA에서 비밀리에 모여 눈물 어린 조국사랑을 강조했다고 한다. 그러던 어느 날 일본 관헌에게 체포되어 규슈교도소에서 옥사하신 선생의 애국 관에 대한 이야기가 떠올랐다.

조국을 위해 젊은이들이 그리운 것 다 두고 낯선 땅에서 공부하고 일하며 무엇보다 먼저 하나님께 나와 기도하는 것은 참된 조국 사랑이 아니고 무엇이겠는가!

비록 타국 땅에서 나그네 삶을 살고 있지만 우리는 늘 조국에 대한 사랑을 잊지 않고 있으며, 요즘과 같이 어수선하고 어려운 때일수록 조국에 대한 애틋함을 서로서로 합심해서 기도하고 있다.

오늘도 이르신들이 많이 나오셨다. 백발이 다 된 분들께 어두운 길 조심하시라고 하면 오히려 이 새벽이 삶의 청량

제라고 말씀하시며 새벽을 깨워 예배를 드리게 하시는 하나님께 감사한다며 노익장을 과시하며 미소로 답하신다.

언제나 말씀은 아침 공기보다 상쾌하며 듣는 자로 하여금 은혜가 충만하다. 새벽 예배 때 하시는 말씀이 회복의 은총이었다. 나에게 있는 모든 죄 무겁게 짊어지고 있지 말고 죄 사함 주시는 하나님께 몸과 마음 다 맡기고 은혜 받고 성전을 나섰다. 쌀쌀하게 부는 바람은 나뭇가지를 쓸어가며 스쳐 가는 소리가 으스스 한다. 이제는 추운 겨울이 오려나 보다. 어찌 계절의 흐름을 역행하리오.

오늘도 말씀을 듣고 무거운 죄의 쇠사슬에 묶여 있던 괴로움을 하나님께 맡기고 저 창공에 맑은 하늘과 같이 청명한 마음으로 세상을 대하니 희생의 삶으로 다시 돌아가는 것 같다.

오늘은 좋은 일이 있을 것만 같다. 이런 기분으로 집에 다다랐을 때 전화벨이 울렸다. 너털웃음을 웃으며 좋아하는 낯익은 음성이었다. 오랫동안 친분이 두터운 분과 의견 차이를 극복하지 못하고 그동안 껄끄럽게 지냈던 관계를 화해하여 옛정을 다시 찾았다고 한다.

긴 시간 기도해 준 덕분이라고 감사 인사를 전해 주었다. 이렇듯 좋은 소식을 듣고 보니 이 아침이야말로 말씀의 끈이 줄줄이 엮어져 밀려오며 기쁨의 초인종이 울리는 것 같다. 서로서로 기도해주며 함께 동고동락하는 마음의 형제, 자매님들께 감사하며 기쁨 넘치는 시간과 공간을 진심으로 두 손 모아 기도하며 오늘도 일보 전진한 영성 깊은 그리스도인이 되기를 바라면서 살리라.

나방이의 일생

이 글은 어느 학자가 숲이 우거진 한적한 곳에서 애벌레와 나방을 필름에 담은 그 모습을 보며 나방의 일대기가 신기하여 본대로 글로 표현해 보았다. 깊은 산 속 숲 속에서 학자는 콩깍지 같은 신기한 것을 발견하고 그곳에다 고성능 카메라를 장착하고 촬영한 필름을 공개했는데 참으로 신기한 광경을 보게 되었다. 콩깍지는 흔들흔들 몇 번 흔들리다가 아래에서부터 쭉 칼로 그려 수술하듯 배가 갈라지더니 연녹색의 애벌레가 출연했다.

누가 부축해 주지도 않는데 어미 몸에서 나올 때 아슬아슬 하게 공중에서 분만하지만 뚝, 뚝딱 바닥에 떨어질 것 같은 애벌레는 살며시 풀잎에 실수 없이 안착했다. 어미는 곧바로 그 몸이 기계로 재듯이 착착 포개지며 아주 작은 껍데기로 변하여 풀잎 뒤로 몸을 감추었다. 애벌레는 몇 번 두리번거리더니 한줄기 잎을 갉아먹고 건강한 모습으로 기어 다녔다. 이렇게 되기까지의 시간은 약 1시간 정도는 되었을까? 인간은 모태에서 10개월이 지나서야 탯줄을 끊고 태어나 걷고 뛰고 하는 시간이 수년이 소요되는데 한 사람으로의 유아에서 어린이로 그리고 성장할 때까지 그 기간 부 모들은 온갖 정성 다 바쳐 헌신하는 인간 성장 과정일진데 이 애벌레에 어미도 이를 세상에 보내고 그의 모습은 까만 깍지로 변해 보이지 않는 곳에 숨어버리는 것을 보았다.

사람도 자녀를 양육하고 분골쇄신 되어 결국은 늙어 번식의 의무를 다하고

세상을 뜨는 것과 같은 원리라고나 할까, 몇 분이 지났을까,

카메라는 얼마 후에 또 한 장면의 영상으로 보여 주었다.

한줄기의 푸른 나뭇잎에서 또 하나의 생명체가 나타났다. 한참 동안 검고 갸름한 대롱이 이리저리 출렁이며 움직인다. 한참 후에 배가 불쑥 튀어나오더니 밑에서 작은 구멍이 보이며 아름다운 휘황찬란한 빛을 발하는 물체가 모습을 드러낸다. 몸은 점점 더 불러오며 차츰 찬란한 빛을 발하는 나방이 마지막 안간힘을 쓰며 끝까지 달렸다가 사뿐히 밑으로 내려앉았다. 푸드덕푸드덕 2~3회 몸을 흔들더니 나방의 완전한 몸통의 모습이 보인다.

'와! 어쩌면 저렇게도 고울까'

마치 비단같이 곱고 섬세한 것이 여왕이 가진 실크의 부채와도 같은 아름다운 자태다. 한참을 이리저리 윙윙 나지막한 곳에서 날더니 이번에는 아주 높게 난다. 찬란한 빛을 가진 나방은 꽃밭을 향해 살랑살랑 몸을 이리저리 흔들며 날더니 오색찬란한 꽃밭 꽃잎 위에 사뿐히 앉는다. 꽃들은 나방을 환영하는 듯 흔들흔들 손을 내민다.

그곳에는 꿀벌도 날아든다. 그들은 함께 즐거운 것 같이 이곳 저곳 춤을 추며 꽃과 꽃 사이로 날고 있다. 공중으로 한참 날다가 마음에 드는 꽃 위에 앉았다가 또 다른 곳으로 날며 맘껏 춤추며 즐거워한다. 참으로 창조의 세계가 오묘하다.

나방은 거미줄에 걸렸다. 뜻하지 않은 이 대형사고로 나방은 온갖 힘을 다해 탈출하려고 뒤척여 보지만 점점 덫 줄인 거미줄에 옭아매지고 있다. 지쳐버린 나방은 기진맥진하여 이제 생을 포기하고 만다. 곤충 세계에서도 약육강식의 원리가 적용된다. 안타까운 그 모습을 바라보고 있는데, 굵은 빗줄기가 쏟아졌다. 비는 나방의 몸을 흠뻑 적시고 결국 밧줄이 풀리기 시작한다. 나방은 빗물에 젖어 엎치락뒤치락 하더니 거미줄에서 헤어 날 수 있게 되었다. 오랫동안 고생했지만 결국 자유의 몸이 되어 훨훨 날아 본능으로 꽃밭을 오가며 기쁘고 즐거운 모습과 아름다운 자태로 춤을 추는 나방을 보면서 나는 생각했다.

지금 우리가 사는 이 땅에도 인간의 본능인 오욕을 충족하기 위하여 잠시도 쉬지 않고 생존경쟁에서 희로애락으로 인간 역사를 만들고 있다. 나방이 비 덕분에 살아날 수 있듯이 고통당하는 모든 사람은 이 사회에서 맘껏 자기 실력을 발휘하며 새로운 세상을 만나 잘 살 수 있기를 바라는 바다. 원칙과 기본과 질서를 존중하고 상식이 통하는 선진대국을 바랄 뿐이다. 나는 나방의 생애와 애벌레를 보면서 애벌레가 안간힘을 쓰고 세상에 나오는 그때에 찬란한 빛을 발하는 옷을 입고 탄생하는 그 모습이 신기하기 그지없다.

끝내 아름다운 나방은 그 모습을 자랑하듯 우리 사람들도 이 애벌레에서부터 변신한 화려한 나방과 같이 새 희망을 찾아가며 정의가 살아 숨 쉬는 선진 복지 사회가 이루어지는 것을 국민 각자가 다시 한 번 다짐하는 계기가 되기를 희구해 본다.

윤병운

충남 청양 장평 출생
현대문학사조 시 등단
현대문학사조 작가회 부회장
전동아교역 건강식품 대표
전 서울시 민방위 강사

달빛(떠나간 임)

강물이 어둠 속으로 흐르는 밤
달빛은 저문 하늘에 숨어 버리고
어느새 기러기 날아갔는지
밤은 깊어 가는데
기다리는 시간은 지칠 줄 모릅니다

하고픈 말 하도 많아서
강물에 붓적셔 쓰고 싶지만
행여나 임이 와서 노여워 할까 봐
꽃잎에 사연 적어
바람에 날려 보냅니다

차라리 목련꽃 필 때 떠나버리지
꽃이 지고 나서 떠나는 것은
이승에 약속은 없습니다
그래도 뒤돌아 보는 것은
지워지지 않는 달빛 때문입니다

독 도

세찬 바람 홀로 맞으며
동해의 햇살 전해주는 너

겨레의 사랑 취해서 웃고
자유평화 빌어주는 너

북쪽 바람 남쪽 바람
함께 손잡고 춤추는 너

통일의 노래 바람으로 전하며
남과 북의 물결 손잡아주는 너

우리가 잠시 너를 잊었을 때
참기 어려웠던 순간이라고

이제 네 곁에서 떠나지 않으리라
독도야 미안하다 그리고 사랑한다

정월 대보름

하늘에 보름달 달아놓고
소원 빌라 하시니

내 가슴에 달씨 하나 심어주소서
빌었습니다

쪼그라든 얼굴들
웃음달 보내주고

그리움에 젖은 눈
초승달 보내주고

떠나온 세월 그리울 때
시루떡 고향달 보내주렵니다

길

오늘도 길을 가네
내가 가고 싶은 길이 아니라
사람들을 따라서 가고 있네

험한 고갯길 걸을 때도 있고
시원한 바람 맞으며
황톳길 걸을 때도 있었네

어디로 가는지도
힘든 길을 왜 가는지도 모른 채
지금도 하염없이 가고 있네

돌 제단을 쌓아놓고 가는 사람
다리를 놓아주고 가는 사람
무거운 짐을 지고 가는 사람

끝없는 인생길
희미한 본향을 그리며
그 사람들 속에 나도 가고 있네

어머니의 이야기

배고파 울다 지친 어린 자식 등에 없고
어머니는 가슴으로 울었다

뼈골이 부서지게 일을 해도
빚만 늘어나는 농사꾼의 아내

저수지에 달이 퐁당 빠졌을 때
몇 번이나 따라 들어가고 싶었다

뻐꾹새 울고
소쩍새 울 때마다
어미는 위로받지 못했다

자식들 얼굴 바라보며
모진 세월 견디었다고
긴 한숨의 얘기
이제는 달을 보고 함께 웃는다

조약돌

모진 삶이었지
이리저리 쫓기며
매서운 세파에 맞은 자리
찢기고 부러지고
절뚝거리며
구르고 또 굴러
이제는 모두가 좋아하는
조약돌 되었지

가시 찔린 손

자작나무 사이로
푸른 하늘 보이는 고향

백목련 피고지고 수십 돌
곱디곱던 어머니

눈 녹은 개울물에
손빨래 시린 손

도시에서 맛볼 수 없다고
두릅싹 보내주신 가시 찔린 손

나 고향에 돌아갈 거나
봄눈 같은 어머니 시간

서러운 눈물 씻겨 드리고
고운 웃음 안겨 드리리라

나향 이기순

시인, 수필가

〈사〉호주한국문학협회 회장 / 호주韓國文學 발행인

〈사〉세계문인협회 호주지회장/시와 늪 해외고문/세계모던포엠 작가

〈수상〉 제5회 한국농촌문학상수상(수필)/2008년 올해의 작가상 (수필)/2009년 세계모던포엠 문학상 본상(詩)/제22회 허난설헌 문학상 본상(詩)/제22회 허균 문학상 금상(수필)/제6회 세종문화예술 대상(수필)/제43호 신문예문학상 본상(詩)

〈저서〉수필집 : 나그네향기, 춤추는 가면,

詩 集 : 타조 발을 밟은 참새, 환상

수상집 : 외줄을 그네 타며

〈공저〉호주韓國文學 1,2,3,4 집 (문학협회)

하늘빛 풍경 (한울문학), 시와 에세이 1, 2, 3,집 (문학바탕),살아가는 이야기만큼 그 사랑만큼 (좋은문학), 한국을 빛내는 작가들 1, 2, 집 (좋은문학), 수필드림팀(해드림)

1,연리지 / 2,아버지를 준 남자 /3,띠앗머리, 외

꿈의 나그네 1
-12사도(使徒)바위 찾아가는 길 위에서

나뭇잎 수런거리는 향기에 취한 바람이 건들건들 지나가고 햇빛 먹은 구름이 검붉게 봉선화꽃물로 번지는 여름 오후에 내가 길 위에 서 있는 이유, 황금빛 화강암 침묵이 반들거리는 그 바다로 가기 위함이다. 쉬~ 말 많은 자는 가까이 오지 말라, 파리떼들이 입을 막는다. 황홀경에 취한 나그네 숨소리만이 12사도(使徒) 바위에 닿을 수 있을 것 같은 세상 한 귀퉁이 억겁을 헤집는 또 다른 세상이다. 위대한 역사 속 그 어디에서 술래로 숨었다가 우뚝 솟아올라 옷자락만 보여 주는지, 시간의 비단길은 세상 모퉁이를 돌고 돌아 길게 뻗어있다는 것을 모르는 어리석음, 텅 빈 뼛속이 시리다.

오! 이곳, 천지의 경이로움에 취하여 벤치에 앉는다. 바로 내 앞으로 검푸른 태평양이 찰랑찰랑 걸어온다.

대한민국 시골 마을에서 아장아장 자라온 그 자리에서부터 너무도 멀리 걸어온 나를 발견한다. 우리는 이렇게 오고 가는 나그네, 잠시 쉬어서 가는 이 세상의 풍경 한가운데서 자연에 흔들리는 나뭇잎에 길을 묻는다. 내일의 희망을 묻는다.

**12사도 바위 (Twelve Apostles)
호주 빅토리아주 (Port Campbell National Park)

꿈의 나그네 2
–평화 속에서 외로워지는 것이 여행인가

초원에 노니는 소들의 등줄기 위로 청정한 바다가 출렁거리고 태평양 바람결 따라 수많은 새떼들이 함성을 지르며 풀잎을 쓸고 지나간다. 시간은 벌써 한나절을 넘어서고 때마침 나그네도 그곳을 지나간다. 아무리 아름다운 새의 노래도 떼를 지어 부르면 노래가 아니다. 공해다. 새소리가 아름다운 건 혼자 노래하기 때문이다. 나뭇잎이 함께 흔들어 주었기 때문이다.

자연에서 흔들리는 것들로부터 계절이 오고 가기 때문일까?

길 위에선 작은 나뭇잎까지도 그 흔들림이 경이롭다.

나그네이기 때문일까?

노을이 움직임 따라 빛을 발하는 것처럼 나의 심장이 박동하기 때문에 사랑도 노래하노라, 중얼중얼 경전을 외는 내 앞에 어느덧 부챗살 모양의 해거름이 아장아장 들어온다. 어두운 물살이 천천히 대지로 흐르고, 나그네 가슴 속에 잔잔한 그리움 파고들고,

*멜번을 여행에서

국제소포

그가 보내준 책갈피마다 고향 내음이 난다

진실한 가슴을 가진 그를 글속에서 만난다

행간마다 상큼하다 잘 익은 열매를 맛보듯,

고향 집 굴뚝에서 모락모락 피어나듯,

진한그리움 태평양 건너와

나그네 묵정밭에 꽃씨를 뿌린다

그가 보내준 책갈피 팔랑팔랑 바람으로 일어나

내 혜안 새롭게 일깨운다

책 속의 시어(詩語) 영육에서 뛰논다

책 속의 언어(言語) 핏속의 맑은 가람이 되어

묵향으로 그윽하다.

나를 태워라

서녘 하늘 검붉은 빗금
그 속으로 고뇌의 토막들이
뚝뚝 떨어진다
주름진 살갗과 아픈 기억
애잔한 시간들
이방인 외경의 언어로 겪었던 치욕까지
삽시간에 삼킨다
순간에 사라질 무거운 영혼
시인의 눈물 한 방울까지
송두리째 태워버린 육신은 가볍다
가죽이 맨바닥에서 탑을 들어 올린다
그렇게 삶을 다독이며 너와 나를 포개고
깊숙이 침잠(沈潛)할 때
황홀하고 장엄한 무지개를 볼 수 있음이라,
역지사지(易地思之)처럼
바람과 비구름이 타협하는 곳에서……

당신이 오시는 소리

귀밑머리 은비늘 빛깔 띄우며
소복하게 쌓인 눈길 위로
싸그락 싸그락 당신의 발걸음
귀 기울이는 여인이 되어
차가운 달과 별 사립문에 걸어두고
봄꽃 같은 고운 미소로
나, 오늘 밤도 당신을 기다립니다

시간에 순응하며
거칠 것 없는 구름처럼 살아갈
시인의 삶에
당신은 갈꽃의 나비가 되어
달과 별 걸어놓은 여인의 창가에
온유의 심성(心性)으로 찾아올
당신을 기다립니다

겨울밤 달빛별빛 내걸린 신작로(新作路)에서
청춘으로 만났던 순백(純白)의 그날
거울처럼 문득문득 내 앞에 세워지고
사랑이라는 이름 희석(稀釋)될까 두려워
시린 겨울날도 봄꽃으로 피어
나, 오래오래 당신을 기다립니다

환상

뒤돌아서면 뒤섞이는 좁쌀 같은
내 기억 주머니
동여맨 앞섶은 풀리진 않았나 보다
아직은
부모 · 자식이란 이름표를 달고
삶의 저울추에 달려있으니…….

쌍무지개가 선명한 아침
습관처럼 냉장고 문 여는 순간,
물속에 몸 불린 콩들이
애도의 눈짓으로 훌훌 껍질을 벗는다

저승길 떠나실 내 어머니
콩죽 먹고 싶어 물에 담가놓았던
그때, 그 콩처럼
외롭고 차가움에 몸을 떤다
엄마와 딸로 아팠던 시간들이
이국(異國)의 햇살에 출렁이는데,

환상(喚想)의 거울 속에선
시드니의 가을 꽃대
흐늘흐늘 걸어 나온다

마술

귀밑머리 희끗희끗한 여인이
부스스한 몰골로 무죄 증명받으려
미용실로 들어선다.
시드니 뙤약볕에 퇴색된 삶
설렁설렁 씻어내고
이팔청춘의 꿈을 거울에 투영시키고
살포시 눈을 감는다

시간의 편린
사각사각 잘려나간다
머릿속 욕망
보풀보풀 떨어진다
어여쁜 손길로 꿈을 말아 올린다
화학약품 먹은 머리카락 뒤집히고 조이면서
내 청초한 꿈이 초고속으로 익어간다

몇 시간 후,
"무죄를 증명받은 날"
생기 넘치는 거울 속에 여인이
하얗게 감꽃 같은 이빨을 드러낸다
찰랑찰랑 소녀처럼 걸어나간다
마술가위 손에 꿈 하나 이루고…….

이기은(李基銀)

시인. 수필가
경북 포항 출생
월간 "한울문학" 시 부문 신인상 수상
"아람문학" 가을 호 시 부문 신인상 수상
계간 "대한문학세계" 수필부문 신인상 수상
월간 모던포엠 "시조부문" 신인상 수상
공모전 시조부문 동상 수상
늘푸른 문학 대상 수상
글봄문학대상 수상

著書 : 〈개인詩集〉
자귀나무 향기1 우리 함께 눈 먼 새로 살자
자귀나무 향기2 날갯짓을 해야 삶이 곱다
공저 시집
한국 100인 명시선 外 50여 권 작품 수록 외 다수

밤을 더듬어 찾아가는 시간

사랑채 죽담 나란히 잠든 흰 고무신에
밤새 내린 비가 둥지를 틀었습니다
바람에 삭아버린 이엉 사이로
방울방울 떨어진 상념, 기다림인 듯 그리움인 듯
밤을 지새더니 새벽녘에야 말갛게 갠 하늘을 두고
헤진 고무신에 마련한 가난한 잠자리
지울 수 없는 지난 이야기들을 되새기다 만
아린 흔적일 테지요
헛기침 따라 뚜벅뚜벅 앞서던 지팡이 소리
풀 먹인 두루마기를 비집고 나온 가시 돋친 호통
사랑의 개념이 뒤섞이기 전에는 그것이 사랑이었지만
아비의 위엄 세월에 깎여 두루 뭉실 호박돌 된 지금
어린 기억 속 엄마의 된장국처럼
세월도 이해 할 수 없는 그리움 되어
쓰러진 사랑채 잡초 우거진 시간 속을
찢어진 고무신 끌며, 과거도 현재도 아닌
어정쩡한 시간을 멍에로 지고
징검다리 건너듯 조심조심 밤을 더듬습니다.

여행의 끝없음

훌훌 벗어버린 태초의 안락
잔재 영상으로 심안 깊이 새겨진 밝음을 지향하며
근육의 이완과 긴장을 채근한다
나와 내가 아닌 것의 구분이 없어진
그지없는 평온, 아늑함의 저편을 향한 전진
서서히 시간을 밀어내는 몸짓
사뿐사뿐 옮기는 춤추는 여인의 버선발
깃털 같은 가벼움으로 몸을 솟구친다.
머지않아 뭉툭해질 꼬리 흔들림이 둔감해질 때쯤
해묵은 고목 우듬지 돋아나듯
생각의 피막을 벗어나 구태의 허물을 벗는다
기하급수로 뻗은 가지 사이
미분과 적분이 뒤섞인 여행의 방정식을 풀면
비로소 기나긴 여행의 끝을 알리는
괘종의 울먹임……

햇볕이 장독대 위를 지나는 동안

햇볕은 장독대 위를 지난다 해서
특별히 천천히 가거나
두 눈 부릅뜨고 뜨거운 열정 쏟아내는 일 없다
그저 그런 몸짓으로 뚜벅뚜벅
닳은 구두 굽 소리처럼 지날 뿐
그 시간이 그리 길지 않아
어쩌면 찰나라 할 만큼 팔 걷고 여유 부릴 틈
찾을 수 없다
열어놓은 간장독은 부지런히 햇살을 모아
어떤 곰팡이는 죽여야 하고 또 다른 곰팡이는
식구를 늘려 짭조름한 간 사이사이
곰삭은 맛을 담아야 한다
묵은 고추장 곱게 핀 곰팡이도 햇살 속
자외선을 초대하여 과 번식의 욕구를 거세한다
늘 엎드려 자던 뚜껑들 모처럼 뒤집어지면
묵힌 숙제하듯 구석구석 말려 묵은 때
고스란히 벗어야 한다
이른 봄 젖은 땅을 헤집고 불쑥 고개 내민
봉선화야, 채송화야 그리고 수선화야
부신 해가 장독대를 지나기 전에 전할 말 다 하여라

어두운 밤 오면 이것저것 챙길 것 많아
행여 잊을 수 있으니 소맷자락 붙잡고 다짐을 받아라
말간 이슬로 목욕하고 보란 듯
방싯 고운 웃음 지으며 피어날 수 있게
장독대 스친 해 빨랫줄에 머물며 비누냄새 정겨운
애 빨래에 빠져 가고 옴이 자유롭지 않아
골바람 수상하면 아니 올 수 있으니
고운 햇살 달음질치기 전에 옷자락 붙잡고
놓지 말아라.

어느 여름날 오후의 수채화

아궁이 속 같은 오후
혀 빼물고 헉헉대는 호박꽃 그늘
호박벌 한 마리
야윈 꽃그늘에 숨어들어 꿀을 찾는다
지친 몸 추스를 엄두가 나지 않아 흐느적거리는 꽃잎
말간 이슬 그네 타는 새벽이라면 모를까
이곳저곳 탐침을 꽂아보지만
땀내 나는 고단함만 짙은 소금기 머금고 있어
탐침의 촉각만 무디어져 간다

먼 하늘가 게으름 가득한 뭉게구름
솟대처럼 까치발로 하늘에 대고 지청구하는
미루나무 언저리
더위피해 몰려든 바람이 있어 푸른 그늘이 생겼다
주저앉고 싶은 오후는
아직도 먼 서산을 바라보며
겨드랑이 적신 땀 식히고픈 바램만 가득
뚜벅뚜벅 발걸음 소리 버려두고
혼자 달구어진 담을 넘는다

영원 속으로

창호지가 빨아들인 호롱불 빛은 겨우내 찬바람을 덥히고도 남을
따뜻함이었다.
보듬어 안아 거침을 없애고, 부심을 없애고
밤을 더듬어 찾아온 달빛 몇 올
먼 이웃집 나지막이 들리는 개 짖는 소리까지 담채로 담아 온기로 남기며
해묵은 교회 종소리 은은하게 들리는 새벽까지
마른 낙엽 보듬은 누런 창호지는 잠들 수 없는 세월을 살았다
무엇하나 뱉어냄 없이 보듬기만 하던 분초들이
묵은 때로 스며들어 한 폭 수묵화를 그릴 동안
펄럭이는 불빛을 다독이며 흐려져 가는 기억을 붙잡으려 애쓰다가
앙상한 문살만 남기고 영원 속으로 사라질 때
돌쩌귀의 찢어지는 절규만 바람길 따라 달리고 있었다.

출근길 소고(小考)

포장 잘 된 도시에서
또한 포장이 잘 되어있는 도시로
포장되지 않은 길을 따라간다
호박은 호박이기에 호박꽃을 피우는 길
삐죽이 입내밀고 불편한 속내를 보이는 자갈들은
늘처럼 불만투성이 아침이지만
저만의 하루를 성실하게 열며
길을 구성하는 하나의 구성원으로 소임을 다함에
한 올 흐트러짐 없는 모습
외로운 날들이 많았던 탓일까
가끔 소나기 내릴 적이면 그 많은 사연들을
군데군데 모아 저는 양동이나 된 듯
성근 이 사이로 톡소테스의 사냥을 배운다
진흙탕 범벅이 된 자동차는
커다란 씰룩이는 엉덩이로 메케한 날숨을 불어내며
어제와 다른 하루를 그리지만
변화를 싫어하는 일상은 몇 줄의 고착된 언어로
규격화된 하루를 준비한다.
잘 포장된 길을 떠난 생각이 또 다른
잘 포장된 길을 만나기 위한
포장되지 않은 길 위의 여행은
이질적 감정의 유희 속에서 배타적 일상의
일면을 장식하며 아침은 저만치
하루를 부리고 있다.

*톡소테스 : 입으로 물을 발사하여 곤충을 잡는 특이한 습성을 갖는 톡소테스과의 열대성 담수어.

침실로 갈 때에는

걱정 따위는 두고 갈 일이다
매사 걱정을 달고 살아야 하는 삶에서
어머님 품 안이 그리워
웅크리고 쉬는 침대에서는 허식을 벗어 던지고
말간 알몸으로 세월과 마주앉아 마음속 언어
가지런하게 나열해 볼 일이다
고목 등걸에 덕지덕지 붙은 버섯들이
비 오는 날이면 서로 키 재기 하듯 자라지만
그중에 식용으로 유용할 것이 몇이나 될까
포도송이처럼 얽히고설킨 걱정들은
그저 걱정일 뿐 행복한 잠을 청하는 대는
아무런 도움이 되지 않는 무용의 것이니
포근의 벽으로 블록을 쌓고 오로지 나만의 공간에서
온전한 자유를 향유할 침대에서만은
다 버려도 좋을 일이다
그리하여 인생의 삼분지 일이나마
걱정 없는 시간을 살아볼 일이다
일상의 잡다한 일 다 내려놓고
별을 헤아리는 그 시간만은 별을 헤다 모자라면
초록빛 목장의 하얀 양을 헤며 온전히
나만의 평안을 추구할 일이다
침실로 갈 때에는 근심 걱정 다 벗어놓고 갈 일이다

덕산 이원우

현대문학사조 시 등단
2008년 상춘곡 백일장 입선
정읍 시립 국악단원

공동 성형 구역

생긴 대로 사는 세상
괜찮 다고 살았는데
여기 깎고 저기 세우며
나이 먹고 후회하네

원래 품은 의술의 뜻
고통 속에 어려운 이
헤아리라 펼쳤는데
이쁘 자고 경쟁하니
필요 한이 등 돌렸네

땅심으로 살던 세상
정직하게 살았는데
여기 부수고 저기 뒤집다
속절없는 재앙 오네

원래 품은 자연의 뜻
누구나 다 행복 세상
풍요 주려 펼쳤으나
더 편하게 고쳐 대니
대자연이 등 돌렸네

눈앞 결과 집중되어
내 가진 것 다 버리고
돌아오는 빈 털털이
그립 구나 옛날이여

2011년 12월 30일

유난히 추운 겨울날
준비도 다하지 못한 채
열차에 몸을 실었다

단명이라는 티켓을 들고
장차 돌아오지 못할 길
님의 책상 위에 타는 향로
영혼은 말없이 떠났다

원망의 시간 속
하염없는 눈물은
길을 적실뿐이다

고집

숙성되고 익은 것을 찾다 보니
익숙지 않는 참신하고 풋풋한 것
왠지 풋내에 물들 것 같은
불안한 마음
더더욱 찾으려 하는 숙성된 것

물은 신선한 것 마시려 하고
생선은 갓 잡은 것 선호하면서
소리만은 익은 것을 고집하는지
어쩌면 내가 못이루다보니
귀라도 이룬 것을 들려주려는
한풀이의 동작

그나마 좋은 소리라고
구분하는 것만 깨우치는데
사용한 지금까지의 삶
어설프고 풋내나는 소리
갈고 다듬어 깨우치는데
써야 할 나머지의 삶

서쪽 구름 내 마음

서쪽 구름 생겼네
이 마음속 안에
마음이 좁아지네

기대조차 없었는데
왜 생기는 걸까
서쪽의 구름
언제 걷히려나

부탁한 바람은
소식이 없고
서쪽 구름 모여 모
이 마음에 비를 내리네

신디사이저

전기를 울리는 피아노
누구나 할 수 있는 그 울림
영혼이 들어있는 소리

끊이지 않는 울림
분명한 기계의 소리
손끝에서 퍼지는 몽환의 파동

잊혀지는 기계의 소리
서서히 각인되는 악기
정확한 공식에 표현은 과학
그곳에 담겨진 예술의 혼
누구나 내는 소리
아무나 못하는 완성

영원한 도리구찌 맨

푹 눌러쓴 도리구찌
안경 너머 세상을 보며
큰 소리 웃음

믿음의 철학
철학의 배신
열려버린 저승길
미련없는 행보

오열하는 가족
함께했던 사람
놓아버린 모두의 손

그래도 걱정 말라고
온화하게 웃는다
사진 속에서

이별사

이젠 가려 하네
원래 왔던 자리로
울지 말게 왜 우나
이렇게 와줘서 고맙네

현명하진 못했어도
지금 이 순간
조용히 가려 하네
용서는 내 손을 떠났네

균열된 마음 추스르고
이대로 떠나려 하네
화를 내진 않지만
용납되지 않는 한 부분

송구한 마음속
은혜로 바꿔 볼까 하네
지금 나는 가네

장자통(張子通)

미네르바 등단

시집 「나비가 된 대왕고래」 미네르바시선18

한국문인협회 회원

미네르바 작가회

현대문학사조 부회장

Master4555@naver.com

그리운 간절곶

태양을 아내로 맞이하고픈 사내들
태양을 남편으로 맞이하고픈 색시들
태양을 사랑의 징표로
사랑의 마침표로
사랑의 물음표로
삼으려는
사람들!

새해 첫날 아침
간절곶으로 가라

간절히 떠오르는 태양을 안고 돌아오라
간절히 빌고 빌어 태양이 다 닳도록!
간절히 빌고 빌면 이뤄진다는 소망이 아니더냐
간절곶 심장을 파먹은 태양이 되라

그대 가슴골에 태양을 던지노라

누룽지

누룽지를 먹는 동안 아무 생각 없었다

오직,
모든 이에게 누룽지가 되어야지
누룽지를 일구는 가마솥이 되어야지
가마솥을 달구는 아궁이가 되어야지
아궁이를 살리는 장작불이 되어야지
장작불을 지피는 성냥불이 되어야지
불씨,

누룽지를 먹는 동안 내내
나는,
누룽지가 되고 말았다

빈 라덴

빈 라덴이 머리로 총알을 삼켰다.
세기의 반란은 마침표를 찍었고
총알도 함께 수장되었다.
일등 공신은 총알이지만
아무도 총알을 위한 성대한 장례식은
배려하지 않았다.
오직 운명을 함께한 망자의 머리만이
양아들로 받아들여 한배를 타고 건넌다.
상금은 숨겨준 자의 몫이고
명예는 저격수의 과오로 끝날 것이다.
잘못은 총구의 몫으로 돌아가겠지만
늘 살인자들은 다시 총구로 들어간다.
거기서 끄집어낸 알약 한 알이 생애
마지막 식사가 될 줄은 총구만이 안다.
골수에 박힌 총알이 성을 바꿨다.
빈 라덴을 골빈 라덴으로 바꿔
신의 품으로 이사를 보냈다.
나는 죽어 그를 꼭 만나고 싶다,만나서
총알 키스의 매력에 관한 질문을 던지고 싶다.
왼쪽 눈, 순간 어땠소?

압정

나처럼 깊은 정 주지 말게나
발 빼지 못해 목 날아가는 짓

유기견

목걸이 풀린 흰둥이 한 마리가
골목을 굽이돌아 누굴 찾고 있다
야, 이게 아닌데, 이게 정말 아닌데
첨엔 구속수감이 풀린 줄 알았다
집 떠나온 지 하도 오래되어 난생 첫
휴가 보내준 줄 알고 좋아 어쩔 줄 몰라
온 동네를 싸돌아다녔는데
야, 이게 아닌데, 이게 정말 아닌데…
견공의 대우가 바로 이건가?
아무도 거들떠보는 이 없고
먹고 살길 막막한데
벌금마저 물어줘야 한다니
우리도 욕할 줄 압니다
사람만도 못한 개도 있더라고
날더러 탕 집 앞에서 할복하라고?
차라리 이북에 넘어가 항복하겠소
의리 좋아하시네 우린 날마다 복날입니다

하안거

산중에 문중대표
씨 없는 수박들
씨종자를 추린다

씨 없는 수박밭에
씨도둑 다 모여
씨 훔치는 중이다

죽비가 허공을 까불고 있다

화

화를 낸다는 것은 내가 졌다는 뜻이다
화를 낸다는 것은 내가 약하다는 뜻이다
화는 아무에게나 찾아가지 않는다
화는 아무에게나 손을 내밀지 않는다
화는 힘없고 못난 자에게 친절을 베푼다
화를 내는 순간 당신은 이미 못난이다
화를 내는 순간 당신은 이미 패배자다
화를 낸다면 두고두고 괴로울 것이다
화를 내고 나면 오래오래 슬퍼질 것이다
화는 순간 친할 수 있지만 영원한 내 편은 아니다
화는 잠시 다녀간 적장의 화살이다
화는 잠시 다녀간 원수의 칼끝이다
화는 잠시 내 손을 들어준 미인계의 입술이다
화는 잠시 내 입을 살려준 독버섯의 독설이다
화낸 입술은 달고 화끈하지만 이미 불타고 없다
화낸 입은 영원히 치유할 수 없는 화상이다
화는 불지옥에서 보낸 악마의 타는 심장이다
화는 천국에서 떨어진 천사의 핏빛 사약이다

정미경

내일을 열어가는 웃음 동인집
개포노인복지센터대표
각당복지재단 연극단원
삶과 죽음을 생각하는 회 웰다잉강사
메멘토모리 협회회원

고드름

백팔번뇌
처마 끝에 매달고
소리 없이
눈물만 뚝뚝 흘린다

겨울이 간다
풍경소리 따라간다
그리움 두 손에 받아
내 가슴에 담는다

바람 소리
그립다 말 못하고
기다림에 숨죽이며
동자승 옷깃에 감겨든다

댓돌 위에 고무신
물끄러미 바라본다

내가 새라면

언덕배기
이름없는 들꽃
친구가 되고 싶다

무심한 바람에
흔들리며 피는
어깨 위 생명의 노래
불러주고 싶다

그리하여
어두운 밤 지나
새벽 찾아오면
한 방울 생명수에
영혼을 담고
머리 풀어
기쁨의 춤 추게 하고 싶다
내 가 새라면................

정미경

환희

내 마음은 파도 광란의 춤을 춘다
표출되지 않고 쌓여있던 불덩어리
방파제 때리고 사방으로 부서진다

세상을 품어 안을 것 같았던
넓은 바닷속 미쳐 날뛰는 광기를
바람도 잠재울 수 없어 함께 울부짖는다

그래 울어라 울어 함께 울어라
너도 울고 나도 울고
내 영혼 밑바닥까지 파헤쳐 토해 버리자

울다 지쳐 잠이 들면 빈 가슴
따뜻한 사랑으로 채워지고
잔잔한 바다 위 갈매기 떼 무리지어
환희의 춤 추려니...........

일기장

바위만 한 그리움 지고 가는
마음 무거워
하나씩 조각내어 버리며 간다

일기장 뒤따라오며
아픔은 행복으로, 눈물은 기쁨으로
차곡차곡 포장하여 쌓는다

그리움 먹고 자라는 일기장
지나온 흔적마다 세월 쌓는다

한강

예전 한강은 그저
흐르기만 하였네
비가 오든 눈이 오든

지금 한강은
강남과 강북을 가르는
경계선일 뿐
내 마음속에선
더 이상 흐르지 않네

뱃사공 노 저으며
흥얼대던 노랫소리도
자동차 경적소리에 자취를 잃고
바람에게 묻던
불빛 넘어 사연도
한강 위에 떠 있는 다리
대신 전하네

한강은 예나 지금이나
말이 없는데
세월 따라 역할이 바뀌고
이름이 바뀌고
내 마음도 따라 바뀐다

허수아비

논 한가운데
주인 잃은 허수아비
외로움 참다
오열하고

찢겨져
날리는 그림자
바람결에 흩어진다

쫓고 쫓기던 시간
허수아비 빈 마음 들킨 자리
그림자 담은 내 마음 달이 되고
참새 떼 날개 접고
눈물 마신다

아침밥

행복 뒤 교만이란 그림자 따라왔다

굽이굽이 먼 세월 침묵하며
손바닥에 내려앉은 삶 부끄러워

방향 잃고

동동 떠내려가는 세월 속
겸손하나 건져 올렸다

천천히 돌아보며 가라고
손짓하던 시간들
하나 둘 마음에 흔적 남기고

그림자 보낸 새 아침
겸손이란 아침밥을 먹는다

정창희 jung chang hevi

80년~ 泰和商運 株式會社 常務理事
한국 문인협회 회원
월간 모던포엠 시부문 신인 문학상
세계 모던포엠 작가회원
서울문학 동인, 全人문학회원
광화문 시인들 (사랑방 시낭송회) 상임회원
사람과 문학 회원
현대문학사조 회원

공 저
-水墨처럼 스며드는 그대의 향기
-광화문을 지키는 시인들 외 다수
-님이여 우리들 모두가 하나 되게 하소서 (화남출판사)
(대한민국 제15대 대통령 김대중 추모시집)
상훈 : 07년 정부포상 (대통령. 산업포장) 수상

의지

서로,
아무렇게 기대어 부딪치고 뒹굴어도
미워하거나 화내지 않고,

서로 모양은 달라도 하나같이
몽돌 되어
낮은 몸으로 누워 있어도,

서로
소통하며
상생하며
의지하며 인연을 갖고 산다.

이런 인연이 끊어질 때,
누군가 또 다른 인연으로 이어진다면

이 기쁨이
어디 몽돌뿐이겠는가.

전봇대

길 가던
강아지가 한쪽 발 들고
쉬야 하는 모습이 평화롭건만,

온갖 시련을 받는 전봇대가 애처롭다

떼었다
붙었다
누덕누덕 달라붙은 광고 전단지에

웃고
울고
속던 날,
너를 붙잡고 한없이 울었던 그날 밤,

전봇대 뒤에서
너와 나 입맞춤할 때,
구멍가게 아저씨가 엿보던 헛기침 소리에
사랑도 떠나가고,

삶을 태워버린
하얀 연탄재만 전봇대 밑에
쌓여 있네.

지하철

길게 누워있는 두 레일 위에
도시의 불꽃이 핀다.

사는 게 뭔지
오며 가며 만나는 사람마다
바쁘게 뛰는 것이
다 그렇게 사는 건지

플랫폼에 길게 늘어선 행렬에
쇠문이 열리면
도시의 하루가 달구도록 삶이 달린다.

낯선 사람끼리 흔들흔들 기대며
이리저리 쓸리다가 부딪쳐도
웃어주는 곳.

틈만 보이면
엉덩이부터 밀어 넣고 살을 맞대도
부끄러워하지 않는 자리

그 옆에서 다리 꼬고 앉아 콕콕 찍으며
화장하는 여자
맞은편에는 두 다리 쩍 벌리고 앉아 폰 게임에
시간을 잊어버린 남자

썰물같이
쫘~악 빠져나가는 하루의 삶
뒤에,

쌓여 있는 광고지는 언제 주인을 찾아갈지...

명태의 애환

이 세상에 명태만큼
많은 별명을 붙은 것도 드물 것이다.

조상님들이 좋아서 지어준 이름도 있겠지만,
우리 밥상에는 언제나 명태의 사랑과 애환을 담은
이야기가 많다

"임하필기"에 나오는 전설에 따르면,

함경도 관찰사가 생선을 맛있게 먹고 이름을 물으니
아전이 이름은 모르고 "명천"에 사는 어부 태 씨가 잡은 것이라고 하니
명천의 명(明)자 와 어부의 성 태(太)자를 따서
명태라고 이름 지었다고 한다. 그러나 전설일 뿐이다

명태보다 더 친한 별명을 갖은 이름들,
북어, 생태, 동태, 선태, 춘태, 꺽태, 망태, 왜태, 황태, 먹태, 흑태, 백태, 깡태, 홍태, 파태,
골태, 조태, 무태, 노가리, 코다리, 애기태, 막물태, 선달받이, 더덕북어, 은어받이, 등
창란젓, 명란젓, 아가미젓, 내장까지 애칭이 붙어 있다
이 외에 다른 지역에서 붙인 이름들도 많다

헤아릴 수 없는 별명 때문에 그만큼 많은 사랑도 받지만,
방망이로 두들겨 맞는 서러운 고통도 많다

어디 그뿐인가
실타래로 둘둘 감아 문설주 천장에 매달려 애환을 빌어 주고,
밤새도록 신세타령할 때는,
갈기갈기 온몸을 찢어주고 속 풀이까지 챙겨준다

세상에 처음 태어날 때도,
노가리가 되어 화덕에 둘러앉아 노가리 까며 사는
세상 사람들의 애환에 노래를 한다.

"댓 꼬챙이에 꿰어
거꾸로 매달려 있는 것도 서러운데,
죽어서도 방망이로 두들겨 맞는 못난 신세가 어찌
불쌍하지 않으랴 만은,
이 세상에 주는 행복이 나만 하오리까"........

부듯 가 궤짝 안에 나뒹굴며,
알몸으로 코 꿰어 덕장에 끌려가 얼었다 녹았다 하는 신세는
눈바람만 알 뿐이다.

※참고: 임하필기(林下筆記) 한말의 문신 이유원(李裕元1814-88)이 수록류를 모아 엮은 책.

숲에서 잠들다

당신은 숲이 되었습니다.
숲에서 산조소리 회심곡을 뻐꾹새가
울어줍니다

그렇게도 삶이 아프고 고달프셨나요.
승화원 열화에 당신의 모든 것을 다 태우고
무엇이 그리 바쁘게 망육(望六)의 길로 가십니까?

당신이 즐겨 불렀던 "북망산천"소리마저
이렇게 우리 곁을 떠나 갈 줄이야
누가 꿈엔들 알았으리.....

응봉산에 아버지는 헛기침하며,
꿩도 쫓고, 토끼를 휘~몰고 오는 아들을 보며
이제 오느냐~ 등에 업고,
몸을 휘감으며 영가(詠歌)를 부르신다.

그 옆에서 어머니도 따라 부르시며,
얘야, 왜 거기 앉아있니, 눈비가 오니 춥구나.
어서, 들어 오너라
바람이 불어 외롭고 무서운 날이면,
숲이 어머니이니 염려 마라 따뜻한 품으로
안아 줄 테니,

숲에서 잠들다 그리우면,
나뭇잎이 흔들리는 그것이 우리이거니 생각하고
외로워 슬퍼 울지 마라.

※ 고, 김창현 처남이 응봉산 숲(수목장)에 잠들다. 이천십이년. 일월십육일.

나는 아비 없는 후레자식이 아니다

야! 이놈 후레자식 놈아!
이 말로 육십 년을 들으며 지내 왔습니다.
누가 이 말을 듣도록
내 어린 가슴에 못을 박았나.

아버지는 나를 낳으시고 기뻐하시며 좋아서
덩실덩실 춤을 추셨단다.
그러시다,
원수 같은 난리로 나를 배냇저고리에 뉘어놓고
떠나실 때는 엄청 눈물을 흘리시며 우셨단다.

육십 년이 훨씬 지난 지금도
그 울음소리는 그치지 않고 들린다.

눈물이 무슨 죄였기에 동아줄로 꽁꽁 묶어 구덩이에 쳐버린
천하의 용서 못 할 사람들,
그 짓거리도 부족하여 아무것도 모르는 무지렁이에게
빨갱이 후레자식이라고 손가락질을 하였습니다.

아직도 저런 빨갱이가!
날뛰고 있으니… "이 나라가, … "혀를 차며,

다 지난 일가지고 "쟤들이" 무얼 안다고, 새삼스레 저래,

....

비 아양 거리며 힘쓰는 걸 보면,
"에라 이, 정신 나간 사람들아! 이~무지렁이도
나라 사랑하는 마음으로 최전방에서 충성을 다 하였노라고,
말하고 싶다.

나는 아버지를 모르고 산다.
빛바랜 흑백 사진 한 장이 전부일 뿐이다.
아버지의 얼굴을 그려보고 싶었고,
낯 설은 이름이라도 불러보는 것이 소원이었다.

이런 아버지 등에 업혀 마당에서 둥근 달을 보며,
아들아!
오늘은 달도 참, 밝구나. 빙빙 돌려주며 얼싸안고,
신명 나게 춤을 추시는 아버지처럼,
후레자식이 아닌 그런 아버지가 되고 싶습니다.

강다리 섬

아버지
거북등 같은 섬이 떠 있다

하루에도 몇 번씩
등을 내밀며 나그네처럼 떠있는
고독한 섬 강다리,

아주~ 까마득한 옛날,
전설을 품은 바위섬에 이야기를
들려주시던 어머니는

산등성이에 누워 계신
아버지의 등을 씻고 있다

※ 강다리 섬은 작은 바위섬이다.
태안군 모항 앞바다 (만리포, 행금이앞 섬이다) 썰물 때는 섬이 되고,
밀물 때는 잠긴다.

조태연

경기 평택 출생

경찰관/세계사이버대학 재학중

현대문학사조 수필 등단

현대문학사조 명예회장

2008년 4월 시 부문 등단(현대시선. 봄날 아침)

2009년 12월 수필 부문 등단(현대시선. 남도여행)

현대문학사조 无原 문학상 수상(불꺼진 창)

시집

여자의 속마음 등 7편 공저(해송문학)

나는 바보

밤새 잠 못 이루고 뒤척이다
아침을 맞는다
입은 가랑잎 되어 바싹거린다

이슬 먹은 풀잎
비웃듯 발등을 적시면
그저 빙긋이 웃음뿐이다.

너를 못 잊어 닭 울음으로
너를 맞고 너를 보낸다
하루가 또 지나간다

어디까지가 진실이고
어디까지가 현실일까
그렇게 오늘도 자문하면서

물음표에 도장 찍고
답이 오기를 기다린다
오늘도 나는 바보.

2007. 4. 26

상념

봄비가 추적추적 내리는 깊은 밤
한통의 전화통화를 받고 창밖을 본다
어둠의 그림자 사이로 빗줄기 스치고
내 마음도 빗줄기 사이를 달린다

오늘 이 비가 내일까지 이어진다면
나는 밤이 지나면 무엇을 해야 하나
묵은 친구를 찾아 파전에 막걸리 한잔
고적한 찻집에서 흐르는 음악을 벗 삼을까

보고 싶은 임을 불러 늦게 피어오르는
오붓한 사랑을 나누며 마음을 달래볼까
이 깊은 밤, 뒤척이면서 지나온 날을
주제로 하여 상념에 적어 시나리오를 적는다

지나온 세월이 남은 세월보다 길다지만
오늘이 더 길고 내일이 짧을 것 같은 마음은
아마도 노을이 짧게 지나감을 의미하며
떠오르는 태양을 밉살맞게 생각한 때문이리라.

마음을 열면

마음 열면
아린 가슴 풀리고
잠긴 아픔 사라지고
엉킨 실타래 풀리듯 풀리는 것을
왜 몰랐던가

눈을 감고
세상을 의혹으로 보면
고달프고 가슴 여미는 것을
느낌 올 때 오랜 시간이 걸릴 것이다
아픔을 다 느낀 후에

언제부턴가
믿음을 깨자고 울먹이고
하는 일마다 의혹을 품던 날들이
한없이 아린 느낌일 때 고통스러웠지
무엇인가 느끼고 있다

모든 이들아
끝까지 한길로 가거라
마음을 열면 모든 것을 볼 수 있다
느낄 때는 후회가 앞설 것이니.

그대가 있으니

아침 해가 비치면

그대가 보내는

한통의 메시지
활기찬 하루를 노래한다.

그대가 있으니
아침이 즐겁고
하루가 즐겁고
내일이 즐거울 것이다

표현할 수 없는
가슴의 혈기를 느끼면서
시름을 달랠 수 있으니
아마도 철 지난 새싹인가

그대가 있으니
오늘도 피가 끓고
내일도 혈기 왕성하리니
인생의 출발점에 온 듯하다

그대가 있으니
이제야 새로이 사는 느낌이다.

비 개인 아침

어둠을 밝혀 평정하니
태양이 솟도다.
희망을 안고
출항하는 항구의 고깃배
만선을 기약하네
오늘도 힘차게
시동걸고 콧노래로
행복을 키운다
물 뿌려
하늘을 청소하니
가슴속까지 시원하다.

하얀 손수건

봄은
황사를 대동하고
겨울은
봄비를 거느리고

눈물로
이별을 고 한다
고통과 아픔을 남기고 떠납니다

떠남이
못내 아쉬워 인가
촉촉이 고이는 눈가의 이슬비여

잘 가오
잘 있으오
들고 나는 자리 바람 불어라.

길목에서 만난 사랑

자주 가는 곳도 아닙니다
이따금 생각나면 가 보는 길입니다
옷깃도 스치지 않았습니다
눈도 마주치지 않았습니다

스쳐 지나면서 멈칫했습니다
전류가 흐르 듯 짜릿함을 느꼈습니다
반사적으로 멈춰 서서 쳐다봤습니다
그 순간 눈이 마주쳤습니다

그 자리에 멈춰 섰습니다
목상같이 움직일 수 없었습니다
그냥 바라만 봤습니다
그리고는 자리를 떠났습니다

오래도록 기억에 남았습니다
갈수록 뚜렷하게 보이기 시작했습니다
우연히 길목에서 만났습니다
둘은 오랜 연인 같은 기분이었습니다

한두 번 만남이 서서히 뜨거워졌습니다
만날수록 가까워졌습니다
둘은 솔직한 마음을 전했습니다
사랑으로 승화되고 말았습니다

사랑의 불꽃은 꺼질 줄 모릅니다
매일 같이 타오르고 있습니다
아름다운 백합 향기롭습니다
영원한 사랑을 약속하면서 말입니다.

양상구

현대문학사조 발행인

도서출판 채운재 대표

한국문인협회 복지위원

공저

상처많은 풀이 향기롭다 외 9편

소나무

별들이 반짝이는 춤사위
쏟아지는 별에 시름시름 앓다가
밤하늘에 눈물 되어 온몸 적시고
떠오르는 아침 햇살을 가슴에 앉는다.

새날이 밝으니 새들도 노래하고
신선한 순풍 숲 향기 등에 지니
산능선 따라 따라 올라온 인연
소나무 한 그루 자리 내준다.

시기와 탐욕에 얼룩진
저 세상 아파트 그림 숲 보며
세월에 애절함 구름에 실려보네
무언에 마음 내려놓는다.

산의 음성

조용하기만 할 것 같은 이곳도
소리가 있구나

저 멀리 뻐꾸기 우는 소리
작은 소나무 흔들리는 소리
솔새들의 속삭임에 안겨본다

거북이 등 같은 바위 위에 걸터앉아
도시의 굉음 멀리 떨어져 바라보니
산자락 미풍의 향기가 그지없다

세상 부러움 지천에 두고
내려다보이는 삶 돌아가야 하니
이내 마음 씁쓸한 원점이어라

흔적, 그 의미

초판 1쇄 2012년 3월 20일
초판 발행 2012년 3월 23일

지은이 김대은 외
펴낸이 양상구
웹디자인 김태완
펴낸곳 도서출판 **채운재**
주소 100-861 서울시 중구 충무로2가 49-8
(서울빌딩 202호)
전화 02-704-3301
팩스 02-2268-3910
손전화 010-5466-3911
이메일 ysg8527@naver.com
정가 10,000원